関東大震災・国有鉄道震災日誌

解題・老川慶喜

目次

関東大震災・国有鉄道震災日誌

・天候、風向、温度、地震回数は東京に於けるものにして、中央気象台月報による、而して温度は一日の平均を現はし、地震は人体に感じたるものの回数を示す。（温度は華氏表示、カッコ内は編集部が付した摂氏温度）
・本文中、今日から見て不適切な表現があるが、そのままとした。
・難読語には適宜ルビを付した。

大正十二（一九二三）年九月一日（土）　温度八十三度（摂氏二八・三度）　地震二百四回

この日関東一帯は黎明に先立って低気圧性の降雨があった。東京に於ては午前二時五十五分降り始めた微雨は三時二十分に強雨となったが僅か五分間許りで弱り五時三十分に至って一旦止み。七時五分再び降り出した細雨は八時五十分頃粉糠雨《こぬかあめ》となり間もなく風が強くなって十時頃一回稍《や》や著しい驟雨《しゅうう》があったが微雨断続した。

午前十一時五十八分突如、もの凄い地鳴りと共に大地震が襲来し一瞬の裡に多数の家屋を破潰し、人畜を傷害し、鉄道、電信、電話電灯、水道その他凡ゆる文明の諸機関を破壊して恐怖と混乱の暗黒世界を出現せしめた。午後零時四十分強大な余震があり以来頻繁に震動す。午後雨全く止んだ。

第一震と同時に東京、横浜、横須賀、小田原、鎌倉等の市街地に火災が起った。東京帝国大学内震災情報局の調査に拠ると、東京市内出火の火元は六十九箇所の多きに及んだと云ふことである。

（一）国有鉄道損害大要

一、線　路　東海道本線東京蒲原間、横浜線、横須賀線、熱海線、中央本線東京龍王間、東北本線上野中田間、常磐線日暮里牛久間、総武本線、房総線、北條線等に大小の被害があった。

二、通信線　東海道方面は沼津以東に於て、中央線方面は八王子以東に於て、信越線方面は軽井沢以南に於て、その他東北、常磐、総武方面一帯の電信及び電話の回線は悉く傷害を被り一斉に不通となった。

三、列　車　東海道本線に於て旅客三個列車、貨物十二個列車、横須賀線に於て旅客貨物各一個列車、熱海線に於て旅客二個車、横浜線に於て貨物一個車、常磐線に於て客貨各一個列車、北條線に於て客貨各一個列車、中央線に於て貨物一個列車は車輌脱線又は顛覆し即死者旅客百十七名、職員十四名、重傷者旅客六十一名、職員二名、軽傷者旅客五十六名、職員五名を出した。

四、諸建物　地震のため破潰し若くは火災のため焼失したものは左の通りである。

本省庁舎	一
各事務所庁舎	一二
停車場庁舎	一五〇
車掌監督庁舎	二
市内営業所庁舎	二
機関庫	七
検車所	五
列車電灯所	四
電力区	一
通信区	三
保線区	四
電機修繕場	一
変電所	一
諸工場	八

官舎合宿所　四九七
病院　一
治療所　三
教習所　二
鉄道博物館　一
購買支部　三

五、車　輌

焼失せるもの
機関車　四六
客車　四二四
電車　四〇
貨車　九二三
計　一四三三

破損せるもの
機関車　六〇
客車　六二
貨車　二八一
計　四〇三

合計　一、八三六

六、職員の死傷

	公務中（前記遭難列車に乗務中の者を含む）	居宅その他	計
死亡せるもの	四七名	三〇名	七七名
負傷せるも	七二名	四八名	一二〇名

七、家族の死傷

死亡せるもの	二五二名
行衛不明	六名
負傷せるもの	二七七名
計	五三五名

(二)　応急措置

本省

一、本省に於ては神田方面の火が追々丸ノ内に近づいて来る為め、午後三時頃より重要書類の搬出を開始し、最初は代々木練兵場迄運搬したが、避難者漸次増加し交通意の如くならざるため五時東京駅降車口を搬出所と定めた。この間竹橋聯隊の応援兵十二名及び東京自動車庫の貨物車の応援を得たので搬出能力を増加し、官房文書課、同人事課、監督局、工務局所管の重要書類大半と図書館蔵書の一部並に文書課書類編纂掛保管書類倉庫二棟分を殆んど搬出した。

一、午後七時頃印刷局の飛火が本省庁舎大臣室辺に移り火は忽ち拡がったので同七時四十分図書館の図書数冊の搬出を最後に係員全部東京駅に避難した。
一、乗用自動車はこれを郊外及び寺院等の安全地帯に避難させた。

東京鉄道局

一、通信不能の為め午後零時四分東京鉄道局長は伝令を新橋、上野、両国各運輸事務所に派遣して鉄道の被害程度及び運転の状況を調査させた。
一、地震に次で火災起るや東京鉄道局は警視庁の依頼に依り横浜消防隊の応援を求むる為め、午後一時三十分貨物自動車を横浜に赴かしめたが、蒲田で前途通行不能の事が判明して引返した。
一、午後二時頃神田橋方面の火は次第に東京駅付近に接近して来たので東京鉄道局では庁舎の窓を閉鎖し消化器、防火壁の検査を行ひ東京駅にも同様の処置を採る様通達して万一に備へた。
一、午後二時十分東京鉄道局長は局員をリヤーカーに乗せて市内営業所、神田、萬世橋、御茶ノ水、水道橋等各駅を巡視させたが神田区三崎町に至って前途を火焔に遮られ已むなく引返した。
一、午後三時四十分東京鉄道局は警視庁警務部の依頼で中野署の警官を象潟《きさかた》署へ派遣の為め貨物自動車二輌を貸與したが猛火と闘ひ辛うじてその目的を達した。
一、午後五時頃より本省庁舎も危険となったので東京鉄道局より貨物自動車数台を応援させ軍隊と協力して書類の搬出をなし一方極力防火に努めさせた。
一、午後六時過ぎ宇都宮運輸事務所は日光駅長を介して行幸啓中の両陛下に東京市内大火災併発の趣を御通報申上げた。

一、東京鉄道局長は夕刻総理大臣官邸に赴いて折柄臨時閣議に出席中の鉄道大臣に鉄道の被害状況を報告した。

一、東京鉄道局長以下幹部は続々襲来する強震の為め仮執務場を東京駅降車口に移し諸般の指揮に当ったが、午後八時頃本省並に付近炎上の猛火が、曩《さき》に辛じて復旧させた本局と新橋運輸事務所間の通信線を再び遮断して仕舞った。仍て已むなく鉄道局長及び各課長はその執務場を新橋運輸事務所が避難した同事務所の裏庭天幕張内に移した。

一、東京鉄道局長は曩に東京自動車庫従事員に対し居残りを命じ各駅及び本省の救援、消防並に重要書類の搬出の任に当らしめたが市内混乱して活動は意の如くならず、夜に入って車庫も亦危険に瀕したので自動車は全部これを代々木に避難させた。（これが為め自動車庫並に物品倉庫は烏《う》有《ゆう》に帰したが自動車は全部無事であったから後日唯一の交通機関として良くその機能を発揮することが出来た）

一、夜に入り市内猛火の勢凄じいのを見るや東京鉄道局は食糧の欠乏を予期して三名の決死的伝令使を新橋、上野、両国の各事務所に急派し、通信回線の復旧、食糧品の急送及び東京市付近各駅食糧品の在貨数量調査方を命じた。

一、通信機関は杜絶したが鉄道専用の電信電話で辛じて通信し得るものがあったから政府はこれを辿って中央、地方の政務事務の連絡を保つことを得た。

名古屋鉄道局

一、関東地方大震災の報に接したので名古屋鉄道局は取り敢へず左記区間着及び通過貨物の受託を

上野の山から上野駅を通し浅草方面を観る（朱雀洞文庫蔵）

停止した。
イ、東海道線　三島駅以東着並に経由
ロ、中央線　浅川塩山間着並に経由
ハ、信越線　熊谷駅以南着並に経由

札幌鉄道局
一、午後四時頃青函間無線電話を介して震災を知ったので不取敢《とりあえず》被害地を通過する貨物の発送を停止した。

㈢　運転
東北線
一、中田浦和間は午後九時三十五分古河発第七〇四列車より開通した。
中央本線
一、塩山甲府間は一日午後二時五十七分甲府発第四〇八列車より開通した。
一、甲府龍王間は一日午後二時二十六分甲府発七〇一列車より開通した。
総武本線
一、稲毛亀戸間は一日夜軍隊を以て救援列車を運転した。

(四) 工務

一、鉄道第一聯隊屯営残留隊の応援の下に総武本線稲毛千葉間線路の復旧工事を始めた。

一、房総線土気墜道の応急工事に着手した。

一、被害程度軽微の為め本日中に応急工事を完了したものは次の諸区間である。

東海道線	富士岡裾野間単線
〃	裾野蒲原間
東北線	蕨浦和間単線
〃	栗橋中田間単線
〃	蓮田白岡間
〃	久喜栗橋間
常磐線	取手藤代間
〃	佐貫牛久間
高崎線	吹上熊谷間
総武線	平井小岩間
房総線	三門長者町間
〃	御宿勝浦間
〃	八街一ノ宮間

中央線　塩山龍王間

（五）電　気

一、本局各事務所間に通話の連絡を図るため、午後二時頃先づ東京通信所、新橋通信区間に電話一回線を通じ、次いで東京駅降車口広間に於ける臨時局長室と新橋事務所（仮庁舎）間に直通電話一回線を通じた。（然るに午後九時頃には市内に建設してあった電線路は大半焼失し、前記回線も亦不通となったので通信機関の復活迄令達類は総て口頭又は文書に依る方法を採った）

一、午後一時三十分上野大宮間に電話中継線二回線（上野大宮中継三、四番線）、同四十分上野我孫子間中継線一回線、同二時五十分上野大宮間に更に中継線三回線（上野宇都宮中継一、二番線及び上野高崎一番線の上野大宮間活用）、同三時三十分上野高崎中継線一回線を孰《いず》れも恢復した。

一、午後五時頃上野通信区と上野大宮間各駅との通話が可能となり、日没後常磐線方面は北千住以東の通話を不完全ながらも恢復した。

一、両国橋以東は一旦午後四時頃各駅連接線を恢復したが両国橋及錦糸町両駅焼失の為め再び不通となった。

一、午後五時千葉交換船橋線、同十一時千葉交換勝浦一、二番線、同大原線、同茂原（重信）線、同大網線、同成東一番線の電話諸回線を恢復した。

一、甲府方面に於て電話線は午後零時四十分甲府交換韮崎線を電信線は午後三時十分甲府名古屋電信線の復活を始めとして順次各線に及ぼした。

（六）工　作

一、常磐線我孫子柏間で脱線顛覆した貨物第九二二列車は鉄道聯隊の援助によって午後六時恢復した。

（七）病　院

一、東京鉄道病院に於ては地震後直に入院患者八十五名を病院前の広場に収容し、一方臨時救護所をその一部に設け、罹災者の救護に従事したが午後三時振動稍や収るに及んで入院患者を再び病院内に収容した。然るに桜田本郷町方面よりの猛火は次第に南下し危殆に瀕したので、再び病院南側の松林内に避難し次で増上寺別院北側の小門より境内深く避難した。

一、横浜治療所は幸ひ類焼を免れたので高島駅構内避難民中の負傷者の救護に従事した。

（備　考）九月一日より二日に亘り本省所属主なる建物の類焼時間は左の通りである。

月日	時刻	建物	場所
九月一日	午後零時三十分	錦糸町駅その他	本所区錦糸町
〃	〃	隅田川駅構内一部	
〃	自午前十一時五十八分至午後三時三十分	横浜港駅	
〃	自午後一時三十分至午後九時三十分	東横浜駅	

〃	午後四時	桜木町駅	
〃	午後四時三十分	横浜駅	
〃	午後一時四十分	水道橋駅	
〃	午後二時	御茶ノ水駅	
〃	午後三時	飯田町駅	
〃	自午後四時至午後六時	両国運輸、保線事務所	本所区横綱町
		両国橋駅	
〃	午後五時	東京市内営業所	神田区西今川町八
〃	午後六時三十分	萬世橋駅	
〃	午後七時	神田駅	
〃	自午後七時至午後十時三十分	本省、東京第一・第二改良事務所、鉄道省教習所、東京駅構内一部、永楽町変電所	麹町区永楽町
〃	午後八時三十分	秋葉原駅	
〃	午後八時五十分	新橋駅	
〃	午後十一時	有楽町駅	
自九月一日	午後九時三十分	経理課、汐留倉庫、汐	芝区汐留町

至九月二日	午前一時	留駅、東京建設事務所、新橋運輸、保線事務所、汐留鉄道官舎
九月二日	午前一時	錦糸町工場
〃	午前一時半	浜松町駅
〃	自午前一時 至午前三時	被服工場、東京鉄道病院
〃	自午後五時三十分 至午後七時	上野駅、上野運輸事務所、上野保線事務所、上野電力事務所

九月二日（日）　曇天　南の風強し　八十五度（二九・四度）　地震三百二十七回

一、午後七時四十分赤坂離宮に於て親任式挙行せられ山本内閣が成立した。

一、非常徴発令が公布せられ（勅令第三九六号）、徴発し得べき物件が指定せられた（内務省令号外）。

一、東京市及び東京府荏原、豊多摩、北豊島、南足立、南葛飾の諸郡に戒厳令が布かれた（勅令第三九八号）。

（一）臨時震災救護事務

一、臨時震災救護事務局官制が公布せられ、内閣総理大臣を総裁に内務大臣を副総裁とし、総務部、食糧部、収容設備部、諸材料部、交通部、飲料水部、衛生医療部、警備部、情報部、義捐金部、会計経理部の十一部を置くこととなった（勅令第三九七号）。午後三時各部の第一回会議が開催せられた。

一、本日より陸軍飛行機は東京各務原間の定期航行を行ひ、救護に関する命令その他公文書の伝達、情報の播布及び一般電報の中継その外諸般の救護事務に着手した。

一、軍用自動車及び市の撒水車を以て給水班を作り配水に従事した。

一、海軍は徒歩連絡に依って船橋無線電信を利用し、各鎮守府に軍需品及び各地方よりの託送品を搭載し震災地方に軍艦を廻航せられたき旨を打電した。

一、第二予備金並国庫剰余金支出の勅裁を経た。

一、情報部より午後七時「震災彙報」第一号を発行し市内各所に配布した。

（二）応急措置

本　省

一、庁舎焼失の為め仮事務所を東京鉄道局内に設けて人事課、文書課、保健課、運輸局、工務局、工作局、電気局及び経理局を茲に配置し、分室を帝国鉄道協会内に置いて現業調査課、外国鉄道調査課、研究所、監督局及び建設局をこれに充てた。

東京鉄道局

一、昨夜代々木に避難した自動車隊は早暁より代々木、本局間に小型自動車を運転して事務の連絡を図った。

一、早朝東京通信所員全部を禁足し、駅伝隊を組織し通信連絡の活動を開始した。

一、東京鉄道局は新橋運輸事務所焼失の為めその本部を三度品川に移したが幸ひ東京駅は火災を免れたので本日午前十一時本庁舎に帰った。

一、当面の事務を処理する為め輸送通信、食糧、経理の三部を置いて事務を開始した。

一、午後零時五十五分東京鉄道局は代々木に於ける自動車隊に対し全部東京駅に集合するやう命令を発した。

一、罹災地内各事務所、駅、庫、所等防火並警備の職員の食糧に充つる為め東京、品川、新宿に於て購買部保有の白米、沢庵、梅干等を以て炊出を開始した。

一、食糧の欠乏に備へる為め職員を派遣し土浦方面で白米六千俵その他副食物若干、新宿で玄米三百五十俵、荻窪で馬鈴薯三百俵、沢庵三百樽その他野菜若干を購入させた。

一、鉄道被害の応急復旧の為め従事員非常活動の要を慮って東京付近主要駅に対し食糧品着荷は一時引渡停止を命じ徴発の準備を為した。

一、東京付近従事員にして食糧の欠乏を訴へる声が喧《かまびす》しいので安定策として新橋運輸事務所長を介し中央線、山手線方面に左の通牒を発せしめた。

「食糧品ノ供給ソノ他ニ於テ不可能ノ場合ハ新宿駅長室東鉄出張員ニ申出次第玄米並ニ沢庵、木炭ヲ供給スヘシ追テ右必要品ノ供給ニ関シテハ凡ユル手段ヲ尽シ遺憾ナク手配出来得ルニ付了知相成度」

地震発生時間に止まった中央気象台時計
（毎日新聞社提供）

一、午後七時五十分抜刀鮮人約一千名が品川方面へ来襲したとの飛報があったので右防備打合せの為め参謀本部へ貨物自動車一輌を急派すると共に自動車全部を挙げて兵員輸送の手配をした。

一、午後八時自動車は全部「非常用」の紙票を貼付させた。

一、本日東京鉄道局各事務所本部の所

在地は左の通りである。

新橋は品川　上野は田端　両国は船橋

一、不逞鮮人暴行に対する流言蜚語が伝はり各所共人心恟々として不安に脅かされてゐる折柄恰も新宿駅には陸軍兵器支廠より関西線津田駅宛の火薬が一部積込まれてあったので右出貨主に交渉し兵員護衛の下にこれを引取らせた。

一、両国橋電力区は平井駅に仮事務所を設置した。

名古屋鉄道局

一、震災の実情が次第に明となるや東京地方を救済することの最も急務であることを知り、正午名古屋鉄道局は緊急会議を開いてこれが対策を考究した。

一、東京よりの情報に依れば食糧品の欠乏を告げる声が最も大であったから先づこれが手配をなすことに決したが陸路の輸送は困難であることを知り茲に海上輸送の計画を樹《た》てることとなった。偶々《たまたま》門司鉄道局より関釜連絡船廻航の計画あるを知ったので茲にその方針を確定したが、本省に経伺するの途がなかったので神戸及び門司鉄道局と打合せの上東京清水間に臨時連絡航路を開くこととし、その他食糧品輸送の為め汽船会社より臨時傭船したものに依ってこれを震災地方に輸送することに決議した。

神戸鉄道局

一、新聞号外並に名古屋鉄道局よりの通信により災害の内容次第に明かとなり、意外の大事なるを知ったから本日は日曜日であるにも拘はらず午前中幹部全部出揃って救援方につき左の通り協議した。

イ、運輸課旅客掛長外二名を日本郵船山城丸にて海路東上せしめ災害の実況を視察の上当局派遣の復旧隊と連絡を図ること。

ロ、芝浦清水港間海陸連絡の計画を樹てること。

ハ、工務課長を隊長とし幹部五名、幹部付二十名、工務隊一五七名、電気隊五四名、工作隊五三名、救護隊一九名、自動車隊四名計三一三名より成る救護隊を組織し即時発程せしむること。

一、東京地方及びその以北行旅客は中央線より篠ノ井駅経由信越線に入り川口町駅迄として取扱ひ、同時に相当の食糧品を携帯し地方官公衙の証明書を有するもののみを乗車せしむることとした。

一、小荷物は東京駅着を禁止した。

一、名古屋及び門司鉄道局と打合せの上震災地着及び通過の貨車、及び貨物の抑留を為すと共に新規受託を停止した。

一、前記抑留貨車及び貨物の処分方につき発荷主に照会し適当の処置をなさしめ、且管内連帯線に対しても同様の手配をなした。

門司鉄道局

一、午前十時課長会議を開いて救援団派遣に付左の通り協議した。

イ、通信隊の急派、保線掛その他の出動準備。

ロ、高麗丸を午後八時下関発神戸寄港の上江尻に廻航し、江尻横浜間は名古屋鉄道局の手配に委すこと。

ハ、入渠中の景福丸に仮手当を施し、四日午後下関発救援に向はしむること。

ニ、救護材料の輸送手配をなすこと。

一、沼津以東行及び中央線浅川塩山間の一般貨物受託を停止した。

一、東京付近行旅客及び小荷物は遅延承知のものに限り取扱をなすこととした。

一、東京横浜市内着食糧品を除き沼津以東行貨車はこれを抑留した。

一、取り敢へず局限り救護品の無賃輸送を開始することとし、管内沿線各県知事に行政庁又は公共団体を発着荷主とする救護品の無賃輸送を為す旨局長より電報を発した。

仙台鉄道局

一、緊急会議の結果本省及び東京鉄道局と仙台鉄道局間の各種報告の連絡および作業援助の目的で工務課技師引率の下に運輸、運転、工務、電気、経理各課員一名宛より成る移動出張班を作り第二〇六列車にて出発、大宮駅構内に仙台鉄道局派出所を設置した。

一、本省よりの命令に先立って震災地着府県市町村を発着荷主とする救護品の後払扱を開始した（然るに三日本省より無賃輸送の達示が出たので六日これを無賃扱に更正方を申請して許可を得た）。

(三) 運　輸

一、食糧品として宇都宮運輸事務所宛に米三車を発送した。

一、宇都宮運輸事務所では百二十三名を以て応援隊を組織し上野運輸事務所管内の駅務応援に着手せしめた。

㈣ 運　転

東海道線

一、裾野駅以東は全く列車を運転せず、裾野沼津間は四往復の旅客列車を運転した。

東北本線

一、日暮里駅以北は本日開通、但赤羽川口町間荒川橋梁は徒歩連絡とし日暮里赤羽間及び川口町大宮間に小運転を開始した。

中央本線

一、笹子塩山間本日午前七時三十分試運転を了へ、八時三十六分塩山駅発第四〇四列車より開通したので笹子塩山間に五往復塩山甲府間に七往復の旅客列車を運転した。

山　手　線

一、今朝より品川田端間及び池袋赤羽間に蒸汽臨時列車二往復を運転した。

一、新宿池袋間は客車一輛を以て臨時旅客列車を運転した。

常　磐　線

一、午前八時第八一〇列車より取手駅以北開通した。

成　田　線

一、我孫子成田間本日開通に付旅客列車三往復を運転した。

総武本線

一、稲毛千葉間は午後九時開通したので下り二個列車を千葉駅迄延長運転した。

一、千葉都賀間は開通したが列車の運転はしなかった。

北條線

一、夜に入って千葉五井間が開通したので糧食運搬の為め貨物列車一回運転した。

(五) 船舶

一、海陸連絡を開始する為め名古屋鉄道局運輸課長は山下汽船会社名古屋支店長と交渉の結果汽船二隻を無料傭船した。

一、震災の為東海道線沼津以東不通となり列車運転中断せられ開通の見込立たず、上り旅客の静岡付近に停滞するもの夥しくこれ等は皆東京地方の安否を気使ひ寸時も早く東帰したい旨を切望したので名古屋鉄道局長は静岡運輸事務所長に命じ清水港停泊中の汽船アラスカ丸、海幸丸及びグラスゴー丸に交渉し不取敢臨時船を仕立てゝ旅客及び救恤品《きゅうじゅつひん》を搭載し出帆せしむることとした。(然るに三日横浜に到着したが京浜両地戒厳令施行の為め上陸手続上非常の困難を来し全部上陸不可能となったから、止むを得ず鮮人並にその他の旅客約二百名を残してその他は六日迄に漸く京浜両地に上陸することを得せしめ、即日清水港に帰港して残留客を陸上げし傭船契約を解除した)

一、名古屋鉄道局長は又札幌鉄道局長に壱岐丸廻航方を依頼した所三日に至り極力繰合せの上六日函館発廻送の旨を報じて来たが後に至り運輸局長よりの命に依って廻送を中止することとなった。
一、神戸鉄道局は門司鉄道局運輸課長に電話を以て震災の情報を通知すると共に関釜連絡船の中一隻を清水港に廻航せしめて芝浦清水港間海陸連絡の計画を実現することに打合せた。尚これが準備の為め技師一名を静岡に派遣した。
一、神戸鉄道局運輸課旅客掛長の一行は本日伏見丸に便乗して横浜に向った。
一、門司鉄道局は高麗丸が午前十一時釜山より入港するや直に荷揚げを急いで救援材料、白米五百俵その他飲食糧品等合計三十五頓並に船用炭水、消耗品等所属品を積載して午後六時出発せしめた。

（六）工　務

一、宇都宮保線事務所線路工手三十六名は横浜程ヶ谷間、赤羽川口町間及び二ノ宮国府津間の応急工事応援の為め出発。
一、同じく線路工手百二十五名は赤羽川口町間の復旧工事応援の為出発。
一、名古屋鉄道局は八王子木曽福島間の被害九十四箇所の多きに上ったので、これが応急工事のため松本、長野、金沢、高岡の各保線区より線路工手その他を応援のため出発せしめた。
一、仙台鉄道局は復旧工事応援のため本日左の通り応援隊を出発せしめた。
木工手　　一〇名　赤羽付近その他橋梁修理応援（山形保線事務所）

猛煙をあげて燃える東京市街（毎日新聞社提供）

線路工手　　三五名　赤羽川口町付近橋梁工事応援（新津保線事務所）
線路工手一六五名　木工手三名　赤羽川口町方面橋梁応援（福島保線事務所）
木工手　　一五名　荒川橋梁修理上野駅応急工事応援（仙台保線事務所）
線路工手　一〇〇名　土浦方面線路補修応援（仙台保線事務所）

一、鉄道第一聯隊屯営残留隊援護の下に応急工事施工中であった稲毛千葉間の線路は復旧した。

一、左記の区間は本日応急復旧工事を完了した。

中央線　笹子塩山間
東北線　蕨浦和間複線
〃　栗橋中田間複線
常磐線　金町松戸間
〃　馬橋北小金間単線
〃　柏我孫子間

〃　東信号所土浦間単線
〃　荒川沖土浦間
総武線　稲毛都賀間

（七）電　気

一、国府津沼津間の通信回線復旧応援のため静岡保線事務所員四十二名、名古屋通信区員十五名、同局電気課員十数名出発。
一、仙台通信区員十四名、福島通信区員十名は東京付近通信回線及びケーブル一條の架設並に萬世橋上野方面の焼失通信線路の仮設その他一般通信復旧工事応援のため出発。
一、門司鉄道局は午後二時半門司、広島、鳥栖《とす》通信区管内に非常召集を行ひ五十七名より成る通信救援隊を組織して即日四列車で出発させた。
一、午前六時新宿上野電話中継四回線を通じて不完全乍らも通話することが出来たが午後七時頃上野駅の焼失と共に前日復旧の諸回線をも併せて全部不通となった。
一、午前八時両国橋千葉交換一、二番線亀戸下部間、同津田沼線を、同九時千葉交換成東二番線、同木更津線、同上総湊一、二、三番線、両国橋銚子中継線を、同十時千葉交換木更津線千葉成田中継一、二番線を恢復した。
一、午前八時三十分仙台水戸電信併用線を恢復した。
一、午前九時東京仙台中継線に宇都宮交換を接続し宇都宮仙台間活用、宇都宮仙台中継線とした。

一、午前十時新宿品川電話中継線三回線、午後三時五十分新宿東京通信所間一回線を復活した。

一、甲府方面に於ては電話回線は午前四時五分甲府運輸事務所管内各駅及び名古屋、松本、長野へ通じ、午後五時十分新宿迄復活し八王子以西は全く平常の状態に復した。電信線は午後四時十分甲府管内各駅（一部を除く）及松本、長野へ通信し得るやうになり殆んど平常に復した。

一、沼津方面に於ては電話線は午前十一時十五分三島駅迄、午後零時三十五分富士岡信号場迄、午後三時五分御殿場駅迄復活し、沼津を通過する中継線は何れも沼津交換機に収容して活用の途を講じた。

電信回線は午後九時東京兵庫一番線の沼津以西を活用して臨時沼津兵庫線を活用し中間に名古屋を接続した。

一、午後二時臨時大宮長野電話中継線を構成し、同五時三十五分臨時大宮長野電信（併用）線を開通した。

一、午後三時臨時新宿甲府電話中継線を復活して遂に臨時新宿名古屋中継線を活用し茲に始めて名古屋鉄道局と通話し得るやうになったが、更にこれにより篠ノ井線を利用して長野地方との連絡を得、これ等によって全国に緊急事項を通報することが出来た。

一、午後五時頃東京品川間は単式交換機により中継線として通話を開始した。

一、高崎駅に於ては午前八時頃から長野県下各新聞通信記者来駅し、同駅に到着した避難民から震災地の状況を聴取し、これを長野県下に在る各記者に通報する為め鉄道電話使用の懇請があったので三日午後六時迄これを許可した。

（八）病　院

一、前日増上寺境内に避難せしめた鉄道病院入院患者のため、本払暁増上寺庫裡十六畳二間を借り受けて之れに収容した。
一、田端及び大宮駅に仙台鉄道局救護班を設け一般の救護に任じた。
一、亀戸駅に両国及び上野治療所救護班を設置した。医員以下十三名。

九月三日（月）　曇　午後に至りて一時雨　南風強　八十度（二六・七度）　地震百六十五回

一、聖上より御内帑金《ないどきん》御下賜の思召があった。摂政宮殿下には親しく山本内閣総理大臣を赤坂離宮に召させられて深く今次の大震災を御憂戚あらせられ優渥な御沙汰を賜ひ御内帑金壹千万円を下賜されて適宜応急の処置を為し遺憾なからむことを望ませられた。

一、戒厳令の地域を東京府及び神奈川県一円に拡張した。

（一）臨時震災救護事務

一、視察警備上栃木、群馬、長野等より若干宛自動車を徴発輸送せしむることとした。

一、本日より毎日午前警備部内に戒厳司令部、陸海軍両省、司法省、憲兵司令部並に警視庁の主任協議会を開催し各地の情報の交換をなすこととした。

一、伝染病予防のため各港務部に打電して厳重なる検疫の施行を命じた。

一、事務の連絡統一を計るため本日より交通部会議を毎日開催することとした。

一、鉄道省運輸局長及び東京鉄道局長を事務局委員に任命した。

（二）応急措置

一、内閣書記官長より「山本首相カラ発信ノ至急官報二通、山本内閣組織閣僚一同ヨリ御礼言上（六枚続キ）及天機奉伺」の電報を日光御用邸へ伝達方に付依頼があったので直に東京通信所電信掛に命じ伝令隊に依ってこれを田端に送致して午後三時頃直通電話を以て日光駅長に送信し、同駅長は小西旅館に滞在中の徳川侍従長にこれを伝達した。

一、各方面の被害が殊の外甚大であるのに鑑み震災に関する事務分掌を左の如く改正した。

総　務　部
食　糧　部
情　報　部
輸　送　部
伝令通信部
土木工事部
電気工事部
工　場　部
経　理　部

（後に慰問部を特設し更に総務部中に包含された。自動車は活動の範囲拡大に伴ひ独立させて自動車部を置いた）

一、庁舎正門並に各事務所の混雑は甚しいので正門の出入に対し守衛をして厳重警備に当らしめたが、尚本日より軍隊の力を借りて門前に歩哨を立て応急執務に支障なからしむることとした。

一、本日より「東京鉄道局情報」を発行し午前十時、午後二時に於ける鉄道の現況、列車時刻表及び線路略図を謄写版に印刷し、これを部内関係箇所、他局、関係官庁、軍衛、新聞通信社に配布し、又市中に頒布掲示し、尚本局の正門前に時々変化し行く鉄道の情況の大要を掲示し以て罹災者その他一般公衆旅客の便に資した。

一、神戸、門司両鉄道局に応援依頼の書面を飛行機に託し名古屋鉄道局宛に送った。尚夜半同様飛行機通信により応援に関する詳細な要求その後の情報を名古屋鉄道局へ送付した。

一、名古屋との電話が一回線通じたので早速東京鉄道局庶務課長は東京市の食糧は一両日を支へる程しかない旨を伝へ至急救恤品殊に食料品の調達方を依頼した。

一、新橋運輸、保線、電力各事務所は本日より合併して庶務掛救護掛営業掛運転掛設備掛調度掛を置き、(後に船舶掛電気掛を追加し十月一日汐留仮庁舎竣成迄この組織の下に執務した)達示命令は三所長連名で出すことゝした。

一、上野駅員は当分の間田端駅で執務することゝした。

一、両国運輸保線事務所は仮執務場を船橋から千葉に移した。

一、両国運輸事務所より木更津以南損害甚しく食糧の欠乏の訴へがあったので早速その手配をした。

一、両国橋車掌監督及び機関庫は仮事務所を千葉に置いた。

一、午後五時三十分第一師団司令部へ兵員輸送のため貨物自動車三輌を貸與した。

一、東京鉄道局は震災地所在貨車積貨物で腐敗又は変質の虞《おそれ》ある貨物をその儘《まま》放置するときは往々にその貨物を無用にすることとなるからこの際緊急処分するを必要と認め新橋、上野、両国各運輸事務所長に対し鮮魚その他損敗の虞ある貨物は競売に付し又は罹災民に分與するやう通達した。

名古屋鉄道局

一、本省及び東京鉄道局より震災地方の食糧欠乏甚しいため専らこれが急送をなすべき旨の依頼があったので取敢へずその輸送手配をなすと共に食糧品救護品等の出貨を静岡、愛知、岐阜、三重、滋賀、福井、富山、新潟、長野、山梨の各県知事に依頼する電報を発した。

一、運輸局より無賃輸送の取扱の電報到達前に名古屋鉄道局は行政庁を荷送人及び荷受人とする救恤品の無賃扱を九月三日より開始する旨各運輸事務所長宛電報したが本省よりの通達に依りこれを本省指定通り変更した。

一、震災前受託に係る貨物は左の通り処理するやう手配した。

（イ）迂廻輸送をなし得るものは迂廻輸送すること。

（ロ）仙台鉄道局方面との発着は直江津経由によること。

（ハ）運送継続不能となったものは（約八百輛あった）荷送人の指示により返還、着駅変更又は換価処分をなすこと。

一、情報部を設置し鉄道部内外の連絡を保持するため「情報」を発行することとした。

神戸鉄道局

一、本省よりの指令を待たず名古屋及び門司鉄道局と打合せの上救恤品の無賃輸送を開始した。

一、白米その他救護材料百八十噸を高麗丸に積載発送した。

一、局幹部会議を開いて貨物輸送上左の方針を決定した。

（イ）米原以西の救恤品は小野浜に集中のこと。

（ロ）行政庁託送救恤品にして小野浜に於ける代理荷受人を有しないものは上組を以て当らしむること。

一、神戸鉄道局応援隊は本日午後十時高麗丸にて出帆した。

門司鉄道局

一、課長会議を開いて左記の通り協議した。

（イ）四日下関出帆の景福丸には救援隊約三百名を乗船せしむること。

（ロ）景福丸には米千五百俵及び味噌、醤油その他の食糧品及び応急材料を積載し、神戸に寄港し、神戸よりの救護材料を積み横浜へ直行せしむること。

（ハ）派遣団は自給自足の方針をとり炊事具寝具並にバラック材料を携行せしむること。

仙台鉄道局

一、東京より食糧欠乏の報に接したので仙台鉄道局長は直に管内各所に暢達の手配をなさしめたが取りあへず大宮宛に白米三車を調達送付した。尚毎日二車位宛十日間仙台より水戸に向け発送する旨を東京鉄道局宛に通報した。

東京第一、第二改良事務所

一、仮事務所を東京鉄道局内に設置した。

㈢ 運 輸

一、戒厳令布告に伴ひ（一）公務を有するもの（二）自ら給養の途あるもの（三）震災地域に家族を有し已むを得ざるものの外震災地域に入込む旅客はこれを制限する旨運輸局長より各鉄道局長に電達した

一、震災救護事務のため召集するものにして官憲及び公共団体の相当証明書持参のものに対しては区間期間に制限なく無賃扱となす旨各鉄道局長に電達した。
一、震災地発罹災民並に同地域各駅着（行政庁又は公共団体宛のものに限る）糧食及び救護品は航路運賃共無賃輸送の取扱をなす旨大臣より各鉄道局長に電達した。
一、当分の内別途電達の糧食及び救護品無賃輸送に全力を尽す必要上震災地域各駅着有賃小荷物及び貨物の受託を停止する旨運輸局長より各鉄道局長に電達した。

（四）運　転

一、仙台鉄道局は車掌三十名、車掌監督助手二名を応援のため出動させた。
一、水戸運輸事務所は本日より所員十二名、通信雇員五名を以て我孫子駅に派出所を設置し、日暮里荒川沖間の運輸運転に関する指揮指導に当ることとなった。

東海道本線

一、品川より六郷川東岸迄開通に付材料運搬のため建築臨時列車四往復を運転した。

中央本線

一、新宿飯田町間は飯田町駅午後四時発、新宿駅午後六時発の臨時旅客列車を二回運転した。
一、新宿八王子間は新宿駅発午後二時三十分の第四三五列車より運転を開始した。
一、猿橋笹子間は本日午後二時三十六分笹子駅発第四〇八列車より開通し猿橋笹子間三往復、笹子甲府間六往復の旅客列車を運転し、尚猿橋甲府間に上り二回の臨時旅客列車を運転した。

常磐線

一、午前零時半利根川橋梁の修理が完了したので上りは第八一四列車、下りは第八一九列車より亀有以北の運転を開始した。

総武本線

一、八街日向間は本日午後一時開通。これにより総武本線は両国橋亀戸間を除き全通したので第四〇列車より運転を開始した。

房総線

一、千葉蘇我間は本日開通した。

一、千葉駅の混乱を防止するため本日より陸軍将校以下二十四名の兵員の来援を求めた。

(五) 船舶

一、海幸丸は米五二八俵、梅干四六樽、野菜二二樽、味噌五樽を搭載して本日午後十一時半清水港発芝浦に向て出帆した。

一、神戸鉄道局運輸課旅客掛長一行を乗せた山城丸は本日横浜港外に投錨した(四日午前五時港内に入港)。

(六) 工務

一、水戸保線事務所線路工手二十七名は馬橋北小金間、亀有付近及び上野駅の復旧応援のため出発。

一、東京建設事務所工手は大船茅ヶ崎間及び馬入川橋梁応急修理のため出発。
一、裾野御殿場間単線応急工事応援のため静岡保線事務所長以下約百六十名は現場に出動し即日工事に着手。
一、神戸鉄道局工務課長を総指揮官とする神戸鉄道局救護隊（電気、工作の作業隊及び救護班、自動車隊を含む）三百十四名は本日午後十時四十分神戸出帆の高麗丸にて出発。
一、仙台鉄道局応援隊は赤羽川口町間荒川橋梁の応急修理に着手。
一、鉄道聯隊は東海道線川崎横浜間、東北線赤羽川口町間、荒川橋梁及び総武線両国橋亀戸間の応急工事に着手。
一、東京第一改良事務所工手約三百五十名は東京品川間の線路応急工事応援に着手。
一、大井工場技工は六郷川橋梁修繕工事に着手。
一、大井工場技工は東京駅汽車線乗降場上家取片付に着手。
一、左記の区間は本日応急復旧工事を完了した。

東海道線	御殿場富士岡間単線	
〃	岩波裾野間複線	
中央線	市ヶ谷四谷間単線	
〃	東中野八王子間	
山手線	代々木目白間	
常磐線	北千住金町間	

〃　　　我孫子取手間
総武線　八街日向間
房総線　千葉蘇我間
北條線　浜野八幡宿間

(七) 電　気

一、水戸通信区員十一名、下館通信区員六名は東京萬世橋間、横須賀線及び横浜線通信復旧工事応援のため出発。

一、宇都宮通信区員二十六名は横浜国府津間復旧工事応援のため出発。

一、大阪、兵庫両通信区員五十四名は品川横浜間応急工事応援のため出発。

一、仙台、山形、新津、秋田及び青森通信区員各十二名、福島通信区員九名、本局通信係員六名は東京付近の通信線及びケーブル一條の架設並に萬世橋上野方面の焼失通信線路の仮設その他一般通信復旧工事応援（但青森通信区員は横須賀線担当）のため出発。

一、札幌鉄道局は災害地との連絡を便ならしむるため不取敢局員一名を東京に向け出発せしめた。

一、東京通信所に五十回線用磁石式交換機二台を仮設して臨時事務分掌に依る各主要部の電話を収容し、又品川駅には単式交換機を仮設して品川駅乗降場に仮移転中の各事務所に電話機を設置し、これ等を収容した。

一、午後四時十五分東京通信所新宿間二回線、同五時十八分東京田端間一回線、同七時三十五分東

京名古屋（中央線廻り中間に甲府交換機を収容）一回線、同十時東京品川間二回線の各電話線を恢復し、ここに初めて不完全乍らも東京鉄道局に於ける本部と両国を除く各事務所及び関西方面との連絡をとることが出来た。

一、田端駅構内に上野各事務所が仮移転した為隅田川駅設置の交換機五十人用一台を取外して田端駅へ運び、午前九時三十分同駅電信室内に応急施設し、午後六時迄に運輸、保線両事務所通信区その他王子与野間常磐線亀有馬橋間の各駅に至る各電話回線を収容し、更に小山、宇都宮、高崎、横川及び新宿への各電話回線をも加入せしめ、各方面との連絡を再び恢復した。

電信線は上野駅焼失のため田端駅長事務室に仮設し在来の同駅電信機三座と王子駅の一座とを以て左の回線を構成し、正午より電報の取扱（機上による）を開始した。

新宿名古屋電信線（中間に八王子甲府を接続）

田端福島電信線（中間に宇都宮郡山を接続）

田端長野電信線（中間に高崎、横川、軽井沢を接続）

田端仙台電信線（中間に福島を接続）

田端大宮電信線

一、午前七時千葉安房北條線を復活せしめ両国橋、安房北條間も同時に恢復した。

一、京浜方面は東京横浜間電話二回線を復活せしめ横浜付近の詳況が初めて本部に通達するやうになった。

一、沼津以東の電話線は午後二時谷峨信号場迄、同二時三十分山北駅まで恢復した。

一、田端大宮間は自働信号機不能につき日暮里大宮間に双信閉塞機を仮設し、赤羽川口町間は単線運転のためタブレット式閉塞機を設置した。
一、午後三時宇都宮仙台中継線とした東京（通）仙台中継線に大宮交換を接続し宇都宮交換を撤去し大宮仙台中継線とした。
一、大宮駅に於ては戒厳令施行と同時に軍事動員に関する金沢、仙台、宇都宮等各師団長宛官報の頼信があったのでこれが取扱を開始した。
一、田端駅に於ては高田、仙台所在の各師団と震災地派遣隊との間に救護その他の打合せの為め、これを他の一般緊急事項と共に鉄道公報として取扱を開始した。

（八）工　作

一、神戸鉄道局工作隊五十名は駿河松田間の脱線車輌取片付及び庁舎官舎の応急工事等応援のため出発。
一、大井工場では停電のためポンプを運転してタンクに給水することが出来ず非常時に際して危険この上もなかったので自動車の車輪に調帯を掛けてポンプを運転させることを工夫し昨夕から揚水に取掛って遂に本日三五、〇〇〇ガロンの容量を有する大タンクに満水させた。
一、大宮工場隅田川派出所は有合せの材料を以て焼跡に仮事務所を設置し、糧食の供給その他応急事務を開始した。
一、両国橋検車所は残留車輌及び列車の検定並に焼損車輌の整理に従事した。

（九）病　院

一、東京鉄道病院を帝国鉄道協会内に移してこゝに患者を収容した。

一、第一救護班として福島治療所主任以下十二名本日出発。

九月四日（火）　晴　時々曇　午前微雨　南風強　八十一度（二七・二度）　地震百十八回

一、本日山本総理大臣は内閣告諭第一号を以て罹災者及び一般国民に対し志気を激励せられた。
一、戒厳令の地域を更に千葉、埼玉両県下に拡張した。

（一）臨時震災救護事務

一、臨時震災救護事務局支部を横浜に設置した。
一、本日より交通部員を六班に分ち各配給所の配給状態を視察する事とした。
一、食糧品の徴発を開始した。
一、本日より避難民収容のためバラック建設に着手した。

（二）応急措置

一、曩に避難させた自動車を、本日より仮庁舎として充てられた東京鉄道局及び帝国鉄道協会に召集し、保有車九輌を以て省内各仮事務室間の往来並に各官衙の往来等に使用することとした。
一、駆逐艦が清水港に向ふと聞き応急事務に関する打合せのためこれに同乗して運輸局事務官を名古屋に、東京鉄道局旅客掛長を神戸に派遣した。

東京鉄道局

一、不逞鮮人妄動の噂で人心頗る穏で無かったが、本日近衛第二聯隊第二大隊第六中隊が東京駅に来着し、こゝに大隊司令部が置かれることとなったので、一同愁眉を開いて執務することが出来るやうになった。

一、両国橋列車電灯所は千葉に仮事務所を置いた。

門司鉄道局

一、線路不通のため災害地方着救護物品を鉄道により輸送することは殆ど不可能であるとの通知に接し、本日救護品を船便により輸送するのも、海港地点迄輸送するものも亦無賃輸送をなす旨通報した。

㈢　運　輸

一、仙台鉄道局は駅務助手二名を駅務応援のため出動させた。

一、連帯地方鉄道に対し罹災民無賃輸送の命令伝達方を運輸局長より各鉄道局長宛通牒した。

一、震災地に於て自動車用ガソリン欠乏のため罹災地域内各駅着ガソリンの無賃輸送をなす旨運輸局長より各鉄道局に電達した。

㈣　運　転

一、仙台鉄道局より新橋管内に機関車乗務員三十組を第二〇六、七〇六列車にて派遣した。

東海道本線

一、本日川崎駅迄開通したので品川、川崎間に臨時列車四往復を運転した。

一、川崎鶴見間は線路支障なきも横浜市民暴動の報に接し運転を休止することとした。川崎子安間は午後二時半試運転を施行。

一、御殿場裾野間は本日開通したので御殿場沼津間に五往復の旅客列車を運転した。

一、茅ヶ崎駅に於ては茅ヶ崎辻堂間臨時列車運転の為めその牽引機を一時相模鉄道会社より借受けた（九月十日迄継続）

東北本線

一、上野駅の焼失と途中線路上に避難民あるため日暮里駅を起点として列車を運転した。但し混雑防止と二駅発着とに依る発着線の増加を利用して田端、日暮里の両駅を交互に起点とし日暮里赤羽間五往復、田端赤羽間四往復の旅客列車を運転した。

一、赤羽川口町間の橋梁は午後零時十分より上り線に依り単線運転を開始した。但し夜間は照明設備なきため運転停止、

常磐線

一、三河島亀有間開通に付六往復の運転を行った。

一、柏南千住間は単線運転の処本日より複線運転を始めた。

中　央　線

一、新宿八王子間は今朝より三往復の臨時列車を運転した。

一、浅川與瀬間平野隧道東口に仮乗降場が出来たので午前八時八王子発第一〇〇五列車より開通した。

一、猿橋鳥沢間は午前八時五十五分に試運転を終り、午後三時十四分猿橋駅発第四〇八列車から鳥

沢迄開通した。

北条線

一、蘇我木更津間は本日開通に付き旅客列車四往復を運転した。

成田線

一、成田佐原間は本日開通に付き四往復の旅客列車を運転した。

（五）船舶

一、運輸局船舶課長視察の結果臨時連絡の西部連絡地点を清水港とし、東部連絡地点は本船錨地である品川沖迄四、五哩の小運送をなす不便があるが、他に適当な地点がないためこれを芝浦と定め、連絡作業の補助として青森より船夫三十三名の助勤を命じ、尚曳船として仙台鉄道局より茂浦丸、札幌鉄道局より七重丸及び尾花丸の廻航を命じた（午前十一時運輸局長発電）。

一、海運関係は主として震災救護事務局ですることとなり、且品川付近は海上の荷役が危険且困難であるため既に傭船契約済のものの外貨物は総て陸路運送をなすやう貨物課長より各鉄道局長宛依頼した。

一、石油発動機船七福丸は梨八百箱、ビスケット四十箱を搭載して午後五時清水港発芝浦に向て出帆した。

一、同じく観音丸は白米二十二俵、梨三百四十箱、玉葱五俵を搭載して午後八時清水港発芝浦に向て出帆した。

一、名古屋鉄道局は小田原国府津方面に救護品輸送のため本日午後三時新丸に甘藷三十一俵、ビスケット十箱、味噌三樽、梨百箱、白米百五俵、沢庵二樽、梅干一樽、缶詰二箱を積載して同地に出帆させた。

一、昨日清水港を出帆した名古屋鉄道局手配の海幸丸は夕刻品川沖に到着した。

(六) 工　務

一、茅ヶ崎二ノ宮間応急工事応援のため水戸保線事務所線路工手百八十名出発。

一、名古屋鉄道局応援隊四百五十名は東海道線沼津駅以東の応急工事のため四日より五日に亘って出発。

一、門司鉄道局応援隊三百八十五名は本日景福丸にて出発。

一、青森保線事務所線路工手三十名は萬世橋新宿方面応急工事応援のため出発。

一、仙台保線事務所建築工手三名雇及び技手各一名は田端方面応急工事応援のため出発。

一、鉄道第二聯隊は早朝より京浜間の鉄道復旧作業を開始。

一、大井工場技工は神田、有楽町、新橋、浜松町、田町各駅の乗降場上家取片付に着手。

一、左記の区間は本日応急復旧工事を完了した。

東海道線　蒲田川崎間汽車線単線

中 央 線　牛込市ヶ谷間

〃　　　　鳥沢猿橋間

東北線　赤羽川口町間単線
山手線　五反田恵比寿間
〃　十條赤羽間
常磐線　南千住北千住間
〃　馬橋北小金間複線
〃　東信号所土浦間複線

（七）電　気

一、東京通信所内の交換設備復旧応援のため東京建設事務所通信掛員七名出動。
一、仙台列車電灯所より検査手五名応援のため出発。
一、本日より通信回線復旧状況は情報部に通知し情報部に於てはこれ等通信疎通の状況を通信情報として毎日謄写版にして各関係者へ配布し、これが周知に努めることとなった。
一、電信線は午後二時三十分東京田端電信線及び東京名古屋電信線（新宿名古屋電信線を東京に延長中間に八王子甲府を接続す）を開通したので在来の田端東京間の使送を廃し機上通信をなし得るやうになった。
一、北條線は安房北條交換設備を復活し千葉以西の通信回線は殆んど全通した。
一、午後五時十五分沼津国府津間の電話一回線を恢復した。
一、大久保変電所は午後七時三十五分より新宿品川間、品川大井工場間に電灯用電力の送電を開始した。

一、田端変電所は本日午前六時より池袋赤羽間及び日暮里池袋間へ電灯用電力の送電を開始した。

（八）工　作

一、錦糸町工場技工五十名は錦糸町駅構内焼損車輌取片付及び給水槽修理又は保線工事応援に着手した。

一、山手線東京検車所員は本日より東京駅の焼損車輌取片付に着手した。

一、品川検車所員は汐留駅の焼損車輌取片付に着手した。

（九）経　理

一、震災地帯内従事員に対し支給定日に不拘俸給給料手当臨時支払の件を経理局長より関係局課所長に依命通牒した（非第一号）。

一、震災地帯内に出勤勤務（含出張）する判任官以下に対し当分の内戦時中の例に倣ひ俸給給料手当月収額の五割を臨時手当として支給する旨を経理局長より依命内牒した（非第二号）

一、当分の内資金回送出来ぬため支払停止をなすやう各建設（除東京、熱海線、高知）事務所長に大臣より電達した。

一、当分支払停止の上収入金全部を現金の侭本局に（札幌鉄道局は函館主任出納官吏に廻送の上）保管すべき旨大臣より各鉄道局長に（除東京鉄道局）電達した。

一、被服類の貸与差止め方を経理局長より各鉄道局長に通牒した。

一、仙台鉄道局は有楽町印刷所焼失のため管内及び東京鉄道局管内の乗車券配給停止を予期したので管内一時の欠乏を補給する許りでなく、東京鉄道局管内の一部の補給にも応ずる積りで第一に罹災地方各駅着の指定補充乗車券十種を設定して東京付近何駅に対しても発売し得ることとし、第二臨時補充券を設定して一般常備券の代用たらしめ、第三に入場券を設定して急需に応ずる策を樹てると同時に、一方新潟市に於て私設鉄道会社の乗車券を印刷する印刷所ある事を聞知したので同所に課員を派して印刷製造方を依託することとし、併せて札幌鉄道局にも注文の手配をなすこととして本日よりこれが実行に着手した。

（十）病　院

一、本日より上野原駅に救護班を設け避難民の救護に任じた。担任者鉄道局医師以下五名。

一、本日より名古屋に救護班を設けた。担任者名古屋鉄道局医師以下十七名。

九月五日（水）　晴後曇午後時々微雨　南風強　八十度（二六・七度）　地震七十三回

（一）臨時震災救護事務

一、鉄道及び陸軍当局者は救護事務局に於て食糧その他救護材料の授受に関し第一回打合会議を開いた。

（二）応急措置

東京鉄道局

一、赤羽川口町間が開通し、一般救護品を田端駅に集中することとなった為省用食糧品車は田端を廃して新宿駅に送達せしむることとした。

一、東京自動車庫は平素新橋運輸事務所所属であるが、非常に際し不便尠くないので本日より当分の間これを本局直轄とし庶務課文書掛長の指揮を受くべき旨達せられた。

一、本日より本局新宿品川間に貨物自動車三輌を使用して一日三回定期便の自動車運行を開始した（本定期運行は逐次その方面を拡張して行ったが列車運転状態の復帰と共に順次これを廃止した）。

一、両国橋検査検車所は千葉に仮事務所を置いた。

名古屋鉄道局

一、横須賀方面は食糧が欠乏してゐるとの報があったので静岡購買支部より米、味噌等を送付せしめた。

一、東京方面罹災者救護として米その他食糧品を十二車分及び救恤品（主として慰問袋）二車分を海路第二御崎丸に搭載のため名古屋港駅に発送せしめた。

仙台鉄道局

一、仙台鉄道局派出所を大宮駅より田端駅構内に移転し、午後三時より同所に於て事務を開始した。

一、仙台より白米三車、福島より一車を送付した。

（三）運　輸

一、九月三日電達無賃輸送中に「復旧材料」を追加する旨大臣より各鉄道局長に電達した。

一、震災地救済用物資輸送を迅速ならしめるため急直行以外の旅客列車の一部を取消して震災地域各駅着糧食及び救護品並に復旧材料輸送貨物列車の運転に充てる旨大臣より各鉄道局長に電達した。

一、震災に付無賃輸送した貨物の品名発着駅別数量は何時にても報告し得るやう貨物配車課長より各鉄道局運輸課長宛電達した。

一、本日より罹災民の無賃輸送は震災地域各駅発東京鉄道局管内着はその儘乗車せしめ東京鉄道局以外の地に至るものは左記駅に於て証票を発行して乗車券に代用せしむる様運輸局長から各鉄道局長に電達した。

常磐線方面は　水　戸

東北線方面は　宇都宮

信越線方面は　高　崎

中央線方面は　八王子
東海道方面は　沼　津

(四) 運　転

東海道線

一、川崎鶴見間本日開通に付品川鶴見間に三往復の旅客列車を運転した。

常　磐　線

一、日暮里三河島間本日開通に付日暮里土浦間、三河島土浦間に何れも三往復、北千住土浦間に五往復の臨時列車を運転した。

中　央　線

一、上野原鳥沢間は本日午後六時二十分鳥沢発第七〇二列車より開通。

一、午後七時十分旅客第四一一列車が大月初狩間で土砂崩壊のため脱線したが午後十時三十二分復線した。

北　條　線

一、五井木更津間開通に付千葉木更津間に四往復の臨時列車を運転した。

(五) 船　舶

一、高麗丸品川に入港。

一、石油発動機船吉祥丸は梨四七箱、煙草（朝日）一〇箱、白米十三俵を搭載して正午清水港発芝浦に向け出帆した。
一、大島丸は綿布五個、サイダー三八箱、ビール三九箱、梨八五九箱を搭載して午後十一時清水港発芝浦に向って出帆した。
一、安房北條及び真鶴方面より糧食欠乏の報があったので海軍省に依頼し駆逐艦響、有明に米百五十俵を搭載し午後四時安房北條に向け響が、真鶴に向け有明が出帆した。

（六）工　務

一、福島保線工務所線路工手八十四名は八王子方面応援のため出発。
一、秋田保線事務所木工手五名、建築技手一名は新橋保線事務所管内応援のため出発。
一、鉄道第一聯隊Ａ作業隊及び仙台鉄道局応援隊により施行中の赤羽川口町間鉄道復旧工事は完了した。
一、東京第二改良事務所工手は大船横須賀間の復旧工事応援に着手。
一、左記の区間は本日応急復旧工事を完了した。

中央線　上野原鳥沢間
常磐線　日暮里南千住間
〃　東信号所土浦間複線
北條線　五井木更津間

（七）電　気

一、門司鉄道局応援通信隊は東京品川間の復旧工事に着手した。

一、通信復旧応援のため札幌鉄道局電機修理工場主任以下通信工手長工手計十名は先発隊として第二列車にて出発。

一、新潟列車電灯所より検査手五名応援のため出発。

一、午後七時二十分東京金沢電信二番線（信越廻り）を田端金沢電信線（田端、長野、金沢を接続）として開通せしめた。

一、午後一時四十分水戸仙台中継線とした上野仙台中継線を田端に延長し、水戸を撤去し田端仙台中継線とした。

一、午前八時東京千葉中継線を山手廻りとして構成し、こゝに初めて千葉に於ける両国橋事務所と本局間に通信連絡を得た。

一、午後六時五分東京田端中継二番線を構成続いて午後七時四十五分同線と田端仙台間回線を結び付け東京仙台中継線を構成した。

（八）経　理

一、支払資金出来に付資金を本局に保管することを止め平常の通預託金とするやう、又支払は給与の如きものは停止せぬ意味である旨を経理局長より関係鉄道局長、建設事務所長に電報した。

（九）病　院

一、仙台局派遣の医員以下二十四名の救護隊を以て本日より田端に救護所を開設し一般の救護に当った。

一、本日より上野原救護所を與瀬駅に進め避難民の救護に従事せしめた。担当者名古屋鉄道局医員以下三名。

一、名古屋鉄道局は御殿場付近線路復旧のため多数の線路工手人夫等出動し相当の負傷者を生ずる見込で左の二班を置くことゝし食糧品を携帯出向せしめた。

第一班　御殿場　医員外一名

第二班　足　柄　医員外一名

九月六日（木）　晴後曇午後雨雷鳴　東北東　七十六度（二四・四度）　地震三十二回

（一）臨時震災救護事務

一、鉄道及び陸海軍当局者は救護事務局に於て食糧その他救護材料の授受に関し第二回打合会議を開いた。

（二）応急措置

一、東海道線沼津以東不通地点に至る各駅に対しては沼津方面より順次開通するに従ひ当分の内名古屋鉄道局静岡運輸、保線事務所に於て東京鉄道局新橋運輸、保線事務所に代りその事務を執ることに決定。本日午後一時半大臣より各鉄道局長に電達した。

一、震災の当初自動車の需要急激に増加するや運転手の給料俄に昂騰し日給五十円等の募集広告が市中に貼り出されたので従事員の給与状態を慮り本日車庫員一同に対し不取敢手当として金一千円を給与した。

一、震災勃発以来不眠不休の執務を持続して来たが到底短時日の間に終了する見込も立たないので本日東京鉄道局では各掛出勤者に対し夜間休養するやう通牒を発した。

一、山形運輸事務所から沢庵、梅干を一車積としその他味噌五十樽、塩百俵、白木綿二千反、塵紙七十梱を送付して来た。

（三）運　輸

一、仙台鉄道局は貨物駅手九十三名を山手線方面駅務応援のため出動させた。
一、行政庁又は公共団体宛の救恤品以外に会社又は私的団体宛のものも震災救護事務局運輸交通部発行の承認書ある場合は無賃輸送を為すやう運輸局長より各鉄道局長宛電達した。

（四）運　転

東海道線

一、鶴見東神奈川間が本日開通したので旅客列車五往復、建築臨時列車一往復を運転した。
一、本日午後七時九分裾野駅構内に於て下り臨時貨物列車が速度を誤て脱線顛覆し、裾野御殿場間は七日午後八時三十分迄不通となった。

北條線

一、木更津大貫間は本日正午開通したので前日の列車をその儘大貫迄延長運転した。

常磐線

一、当分の中青森上野間急行旅客第八〇一、八〇二列車の運転を休止すること丶なった。

（五）船　舶

一、高麗丸は昨五日品川に入港したが搭載せる救護材料の荷役困難のため神戸鉄道局派遣の通信隊、救護隊の大部分及び自動車隊並に糧食その他の救護品のみを芝浦に陸揚して本日午後六時品川出帆清水港に向った。

一、景福丸は本日午後二時三十分品川に入港した。
一、尾花丸、七重丸は本日それぞれ繋留港を出帆芝浦へ向った。
一、本日左の情報を市内に配布した。

〇連絡船出帆

一、鉄道省汽船　景福丸　定員二千五百名
一、明七日夕刻芝浦出帆　清水港行　以西は鉄道と連絡致します
一、七日午後二時頃から乗船開始致します乗船券は田町駅長から御申受下さい
一、運賃は凡て無賃です

九月六日　　東京鉄道局

御覧済の上は皆さんへお伝へ下さい

一、食糧品及び慰問袋等十四車分第二御崎丸に搭載を了し午後四時二十分名古屋港を解纜。

(六) 工　務

一、宇都宮保線事務所線路工手百四十名は上総湊岩井間、富浦江見間復旧応援のため出発。
一、仙台保線事務所線路工手百名は信濃町方面線路補修工事応援のため出発。
一、福島保線事務所線路工手八十名は八王子方面線路補修工事応援のため出発。秋田保線事務所木工手五名は東京品川付近建物復旧応援のため出発。
一、新津保線事務所線路工手三十五名は荒川橋梁修理応援のため出発。

一、神戸鉄道局工務課長の引率せる救援隊は五日高麗丸にて芝浦に到着したが関係の向と打合せの結果御殿場国府津間線路応急工事に就くこととなり、同船の清水港廻航に便乗して江尻より鉄路に依り七日裾野に到着し準備を整へ愈々本日より足柄駿河間の応急工事に着手した。

一、門司鉄道局応援隊が本日品川沖に到着したので左の如く部署を定めた。

係　名	作業場所	根拠地（後決）
電気系	品川東京間	品川
救護班	本省直属となり東京上陸後	新宿渋谷に分駐
工務工作系	国府津松田間	国府津
船舶系	清水港芝浦間連絡作業	
庶務運転系	何れも東京隊国府津隊に分割し前記各隊に属す	

一、御茶ノ水、水道橋間の被害箇所は本日より復旧工事に着手した。

一、鉄道第一聯隊Ｂ作業隊は房総線の復旧工事に着手した。

一、大井工場技工は六郷川橋梁修繕に従事中の処本日完了した。

一、大井工場技工は東京駅汽車線乗降場上家の取片付に従事中の処本日完了した。

一、左記の区間は本日応急復旧工事を完了した。

東海道線　鶴見東神奈川間汽車線

常　磐　線　田端隅田川間

北條線　木更津周西間
〃　　青堀大貫間

（七）電　気

一、水戸通信区員七名、平通信区員十六名は横浜国府津間応急工事応援のため出発。
一、福島通信区員十一名は東京付近通信線路及びケーブル一條の架設その他一般通信復旧工事応援のため出発。
一、逓信省より左記の如く当分の間電報連送方の依頼があったので直に関係箇所へ文書を以てその旨通知した。

（イ）一日約四回田端駅に持参す（東京中央より）
（ロ）送致方法は軍隊又は逓送人により陸送
（ハ）電報送付先

到着地方名	到着駅長
東海道	名古屋駅長
京都以西	大阪駅長
北陸方面	金沢駅長
長野県	長野駅長
新潟県	新潟駅長

折り重なり転覆した列車（毎日新聞社提供）

両毛地方　　宇都宮駅長
東北北海道　　仙台駅長

（二）電報を受領せし駅長は所在郵便局に適宜の方法により引渡方通知のこと。

一、午後六時東京品川電信線復活し、品川駅構内に於ける各仮事務所と中央部との連絡を円滑にし一方午前十一時前日に活用した東京千葉中継線を電信線と併用し、こゝに初めて東京千葉電信線を構成した。

一、午後一時五十分千葉駅に送信電池を装置し従来の両国橋起点電信線を全部千葉以西に於て活用し、両国橋千葉間は亀戸千葉間を活用した。

一、電話線は午後一時五十分東京田端間二回線午後六時十三分東京品川間一回線を開通した。

（八）工　作

一、経費緊縮のため十二年の車輌改造工事は追て通知する迄一時中止し、又工場設備工事の中未着手のものは当分これを見合はす旨各鉄道局長に通牒した。

一、大宮工場は震災に因る破損甚しいためこれが復旧迄入場修繕車を土崎、浜松及び鷹取工場に分担させることにした。

一、大井工場受持客車の中東海道線に使用のもので入場修繕に使用を要するものの一部は輸送の関係上鷹取工場へ委託のことに決定した。

（九）病　院

一、臨時貨物列車裾野駅進入の際速度の節制を誤って脱線顛覆、死亡十三名、重軽傷十名を出したため御殿場足柄救護所員を現場に急行せしめた。

一、仙台鉄道病院副院長以下十四名より成る救護班仙台出発。

一、本日より左記救護班を新設した。

一、御殿場救護班　　名古屋鉄道局医員外七名

一、木曽福島救護班　名古屋鉄道局医員外四名

九月七日（金）　曇勝午後微雨　北東　七十七度（二五・〇度）　地震三十五回

一、治安維持（流言浮説の取締）のためにする罰則が公布せられた（勅令第四〇三号）。

一、私法上の金銭債務の支払延期及び手形等の権利保存行為の期間延長に関する件が公布せられた（勅令第四〇四号）。

一、生活必需品に関する暴利取締の件が公布せられ（勅令第四〇五号）同時に生活必需品の範囲が指定せられた（農商務省令臨第一号）。

一、勅令第四〇六号を以て会計規則その他の収入支出に関する命令の規定に対し大蔵大臣特例を設くることを得る旨公布せられたが、同時に大蔵省令第一七号及び第二七号を以て左の如く規定せられた。

（イ）大蔵省令第一七号

「官吏以下ニ支給スル俸給、給料及手当ハ東京府、神奈川県、千葉県、埼玉県及静岡県ニ勤務スルモノニ対シテハ大正十二年九月分ニ限リ適宜ノ日ニ繰上ケ支給スルコトヲ得」

（ロ）大蔵省令第二四号

「左ノ場合ハ当分ノ内指名競争ニ付シ随意契約ニヨルコトヲ得

（一）震災救護ニ要スル物件ノ売買、貸借ヲナストキ

（二）震災地ニ於ケル工作物ノ修繕ソノ他応急工事ノ請負ヲナサシムルトキ

（三）震災ニ基ク応急ノ必要ニヨリ物件ノ買入若ハ借入レヲナシ又ハ加工ヲナサシムル

トキ

（四）臨時物資供給令第一条ノ規定ニヨリ物資ノ買入若ハ売渡ヲナシ加工ヲナサシメコレカ貯蔵ノタメ倉庫ヲ借入レ又ハ他人ニ委託シテコレカ買入レ若ハ売渡ヲナストキ

（五）震災地ニ於ケル供給ノ円滑ヲ図ル目的ヲ以テ土木又ハ建築ノ用ニ供スル材料ノ加工又ハ貯蔵ヲナスモノニ対シ震災地ニ於テ三年内ノ期間ヲ以テ国有地ノ貸付ヲナストキ尚震災ニ基ク特別ノ事情ニ因リ必要アル場合ニ於テハ大正十三年三月三十一日限リ工事又ハ製造ニ付ソノ既成部分ノ全額迄ノ支払ヲナスコトヲ得」

（一）臨時震災救護事務

一、事務局交通部にガソリン課を設置し、派出所を隅田川、芝浦及び横浜に設置した（十月五日迄継続）。

一、府県の理事官十八名を救護事務局事務官に電命した。

一、本日より診療班百班を編成して各所に配置し一般救護に従事せしめた。

一、義捐部を新設した。

（二）応急措置

一、鉄道従事員中今回の震火災のため損害を被ったものが尠くないので本省はこれ等罹災職員救済の必要を認め、本日東京鉄道局その関係箇所に対し速に災厄給付をなすやう通牒を発した。

大正十三年一月十日迄に支給した災厄給付の種別、件数及び金額左の通りである。

災厄見舞金	八、二一三件	三四〇、八八四円六八
家族見舞金	一八〇件	二、九六六円〇二
家族弔慰金	三五五件	五、三九〇円九三
合　計	八、七四八件	三四九、二四一円六三

一、日暮里駅は避難民一時に殺到して混乱その極に達したので警備隊一中隊の派遣を乞ひ本日からこれが整理を厳にした。

一、名古屋鉄道局は罹災地発職員及び家族に贈与する慰問袋を第二回分として名古屋駅発中央線第七一七列車にして職員二名付添ひ田端食糧員宛発送した。

一、札幌鉄道局長は震災地鉄道職員食糧品として玉葱一車、木炭三車、馬鈴薯、缶詰、ミルク、鯣《するめ》及び塩魚一車を送付した。

㈢　運　輸

一、新聞社の計画に係る食糧及び救護品輸送方の申込があった場合、荷受人を新聞社とし無賃輸送差支へなき旨を運輸局長より各鉄道局長に電達した。

㈣　運　転

東海道本線

一、東神奈川横浜間は本日開通したので品川神奈川間一往復、品川東神奈川間四往復、品川横浜間一往復旅客列車を運転し尚品川横浜間に建築臨時列車一往復を運転した。

一、昨日午後七時十分不通となった裾野御殿場間は本日午後八時三十分復旧した。

中　央　線

一、平野隧道仮乗降場與瀬間は本日午前八時五十一分浅川発第一〇〇五列車より開通し、同時に與瀬上野原間は午後六時五十八分上野原発第七〇二列車から連絡を開始したのでこれに依り中央線全通した。

（五）船　舶

一、本日午後品川出帆の景福丸を最初として左記の通り品川清水港間航路を開始した。

（イ）就航船　高麗丸（総噸数三、〇二八噸五一）

景福丸（総噸数三、六一九噸六六）

（ロ）乗客

下り震災救護事務局及び市区町村の罹災証明書を以て田町駅より該証明書引換に船名及び年月日を記入した乗船券を得た者

右乗船券を有するものは海上のみならず清水以西自己の目的地迄無賃とし尚船内に於て握飯二個宛を無償にて供給した（この握飯二千人分を用意するは困難なるため

後にパン及び梨一個に変更した）
定員は一、二等を取扱はず、高麗丸千五百人、景福丸二千五百人とす
上り乗客に対しては左記条件を具備するものの外震災地の旅行を許さざることとした。
一、公務を以て旅行するもの
一、震災地に家族を有し是非帰宅を必要とするもの
一、各地方救護団員
定員は二百人を限度とし貨物は食糧品と雖も一切積まざること（八日運輸局長電達）
賃金は江尻品川間鉄道哩に依る普通運賃を徴収
（ハ）貨物は鉄道関係の救恤品は無償とし新聞社で品川清水港に於ける積卸をなす新聞紙及び原稿は無償とした
一、門司鉄道局は関釜連絡貨物船多喜丸を救護品急送のため救恤品六百三十五噸、省用揮発油七十罐、モビール油五罐、省旗七枚を搭載して本日午後一時品川に向け下関を出帆させた。
一、連絡船の中一艘でも品川沖から芝浦に入港出来れば便利であるので景福丸は本日高潮時に試験的にこれが入港を試みたが途中底触してその目的を達し得なかった。
一、九月七日より清水港品川間に臨時連絡航路を開始することとなったが、東京付近は火災のため小蒸気船及び艀舟の焼失したもの多く作業困難に付名古屋鉄道局へ援助方を依頼したので、同局は小蒸気船代用として左記五隻の石油発動汽船を清水港その他より傭入れ救護品を搭載し品川へ

輸送の上連絡作業に従事せしめた。

一、吉祥丸　三七噸　九月五日より二十三日迄十九日間
実費支払額　二、五二五円五一銭

二、新生丸　三〇噸　九月四日より二十三日迄二十日間
実費支払額　二、二九四円八二銭

三、七福丸　三〇噸　九月四日より二十九日迄二十六日間
実費支払額一日に付　五〇円
（但往路荷物搭載に付　一〇円増）

四、新祥丸　三五噸　九月四日より二十二日迄十九日間
実費支払額　一日に付　六〇円
（但往路荷物搭載に付　一五〇円増）

五、観音丸　二五噸　九月四日より二十二日迄十九日間
実費支払額一日に付　五五円
（但往路荷物搭載に付一〇〇円増）

（六）工　務

一、赤羽川口町間復旧工事応援の宇都宮保線事務所線路工手は工事完了し帰還（但中二十名は残留して東海道方面の応援に向った）。

一、鶴見程ヶ谷間復旧工事応援のため水戸保線事務所線路工手百十二名出発。
一、横須賀線応急工事の為め東京第二改良事務所員出発。
一、新津保線事務所木工手十名は上野駅本屋建物復旧応援のため出発。
一、北條線応急工事応援のため水戸保線事務所線路工手十名出発。
一、横浜線応急工事応援の為め新宿保線区員保線手以下七十余名は本日出発。
一、鉄道第一聯隊将校以下百三十八名は北條線木更津以南の応急工事に、同第二大隊は東海道線横浜大船間の複線復旧工事に、及び同第二大隊の一部は品川東京間の復旧工事に着手。
一、横須賀重砲兵聯隊第二大隊将校以下百四十七名は横須賀線鎌倉田浦間の応急工事に従事。
一、大宮工場工手二十名は大宮駅乗降場の掃除を応援。
一、大井工場技工は高架線橋梁修繕工事に着手。
一、大井工場技工は新橋駅乗降場階段の修繕に着手。
一、錦糸町工場技工五十名は北條線方面の建物復旧工事応援の為出発。
一、左記の区間は本日応急復旧工事を完了した。

東海道線　神奈川横浜間汽車線
〃　横浜大船間単線
中央線　浅川與瀬間

（七）電　機

一、応援後発隊として札幌鉄道局通信工手長工手等十二名は本日第二列車にて出発。
一、本日復活した電信線は次の通りである。
田端金沢電信線（中間に高崎、軽井沢、長野を接続）
田端新津電信線（中間に高崎、長野を接続）
田端青森電信線（中間に福島を接続）
小山電信線
高崎電信線（中間に各駅九箇所を接続）
軽井沢電信線（高崎を接続）
赤羽電信線
東京仙台（分室）電信一番線（午後六時恢復）
東京新宿中継線二回線（午後九時恢復）
一、国府津沼津間の電話は更に三回線を恢復した。
一、本日より東京駅の一部に送電点灯し得るやうになった。

（八）工　作

一、大宮工場は本日より一般作業を開始した。
一、東海道線海神奈川駅構内で遭難した貨物第四一一列車は本日午後二時復旧した。
一、北條線安房北條九重間で遭難した旅客列車は本日全編成を安房北條駅に収容した。

（九）病　院

一、本日左記の箇所にそれぞれ救護班を設置した。

東京駅　神戸鉄道局　医員以下十一名
品川駅　神戸鉄道局　医員以下六名
北千住駅　仙台鉄道局　医員以下二十二名
牛込駅　上野治療所　医員以下三名
與瀬駅　名古屋鉄道局　医員以下十名
浜松駅　名古屋鉄道局　医員以下十一名

九月八日（土）　曇後晴時々微雨　北風強　七十九度（二六・一度）　地震三十七回

（一）臨時震災救護事務

一、鉄道省に於ては運輸局貨物課長、同旅客課長、同総務課長、同配車課長、同運転課長、同船舶課長、電気局通信課長、東京鉄道局運転課長、同工務課長、同電気課長、同運輸課長及び鉄道省参事官一名、運輸局総務課事務官一名が事務局事務官に任命せられ、運輸交通連絡部勤務に指定された。

（二）応急措置

一、罹災職員並に家族救済のため本日より食糧券を交付し無料配給することとなった。

（イ）食糧券は一枚に付五升とす。

（ロ）配給所は品川、新宿、田端、亀戸、池袋、渋谷、大井、大宮とす（九日より大船に品川配給所大船派出所を設置したが十二日より独立して大船配給所となり同時に横浜にも配給所を増設した）

一、名古屋鉄道局は白米二百俵、味噌百貫を購入し本日第四一〇列車及び船便にて発送した。

（三）運　輸

一、上り旅客制限のため左記各線上野駅終着上り旅客列車にして二鉄道局以上に跨り運転するものは下記列車の外旅客の取扱を為さず、全区間空車回送とし本電到達後始発する列車よりこれを施行すべき旨大臣より各鉄道局長宛（除札幌鉄道局長）通達した。

記

東北、奥羽、常磐線

二〇六、七〇六、四〇二、二〇八、二〇二、二一四、二一六列車大宮駅迄

七〇四列車宇都宮駅迄

高崎、信越線

一〇八、一〇四、一一〇、一一二、一一四、七七〇列車大宮駅迄

常磐線

八一四、八一六、八一八、八二二列車日暮里駅迄

八〇四列車土浦迄

(四) 運　転

東海道本線

一、横浜大船間は本日開通に付品川大船間五往復の旅客列車、品川東神奈川間一往復の貨物列車を運転した。

山　手　線

一、赤羽駅混雑防止のため池袋赤羽間旅客列車の運転を休止した。

中　央　線

一、飯田町新宿間旅客列車の運転を休止し、新宿以西五往復の旅客列車を運転した。

（五）船　舶

一、清水芝浦間連絡航路上り船客定員を二百人に制限し貨物は食糧品と雖も搭載しないやう運輸局長より東京、名古屋鉄道局長に電達した。

一、名古屋鉄道局は国府津方面へ救護品輸送のため八千代丸に白米百俵、漬物四十樽、味噌十樽、その他一個を積載して本日午後八時同地に出帆せしめた。

（六）工　務

一、荒川橋梁その他応急修理応援のため福島保線事務所木工手六十五名出発。

一、荒川橋梁その他応急工事応援のため福島保線事務所線路工手六十七名出発。

一、横須賀海軍機関学校将校以下兵員は田浦横須賀間の応急工事に着手。

一、左記の区間は本日応急復旧工事を完了した。

横須賀線　　大船鎌倉間

総武線　　錦糸町亀戸間

（七）電　気

一、福島通信区員十名東京付近通信線路復旧のため出発。

一、青森通信区員十二名は横須賀地方回線の恢復、傾倒電柱及び断線混線の修理を完了し帰還。
一、工兵第十五大隊下士卆三十名は横浜付近通信線路応急工事に着手。
一、午前九時国府津交換を復活し東京、横浜、品川国府津間、国府津、沼津兵庫間の電話を初めて恢復した。
一、本日恢復した電信線は次の通りである。
　東京仙台電信線（中間に田端を接続）
　田端松戸電信線
　田端取手電信線
　田端土浦電信線
　田端水戸電信線
一、電信電話の復旧と同時に通信通話は逐日劇増し緊急要務は意の如くその目的を達し得ぬやうになったので、本日運輸局長より各鉄道局長に宛て電信電話は災害に関する緊急事項に限る旨打電した。

（八）工　作

一、大宮工場技工百名は海神奈川駅構内災害車輌取片付のため出発。
一、大井工場技工は川崎駅構内脱線貨車取片付のため出動して即日帰還。
一、同工場技工は東神奈川駅構内脱線貨車及び電車取片付のため出動。

一、同工場技工十五名は藤沢茅ヶ崎間で脱線した貨物列車取片付のため出発。
一、大井工場は本日より普通の機械運転に要する動力の供給を受けることとなった。
一、大宮工場隅田川派出所は本日より焼跡の整理に着手した。

（九）経　理

一、支払停止解除を各鉄道局長（除東京鉄道局）建設事務所長（除東京建設）宛電達した。

（十）病　院

一、本日より左記救護班を設けた。

新宿駅	門司鉄道局	医員以下八名
池袋駅	東京鉄道病院	医員以下六名
三河島駅	仙台鉄道局	医員以下六名
大船駅	名古屋鉄道局	医員以下十一名
足柄信号場	神戸鉄道局	医員以下四名
名古屋駅構内中央線ホーム	名古屋鉄道局	医員以下四名

一、足柄救護所は復旧工事進捗に伴ひ九日を期しこれを駿河に移転することゝなった。

九月九日（日）　曇天午後降雨雷鳴　南後南西　八十一度（二七・二度）　地震三十七回

（一）臨時震災救護務

一、警備部内に於て司法事務に関する特別協議会を設け本日より毎日開催すること、した。

（二）応急措置

東京鉄道局

一、九月三日以降毎日二回発行した「東京鉄道局情報」は本日以後一回とし、午前八時の現況を定刊として発行し、又別に線路開通に従ひ時刻表及び線路図を作製し、又時宜により臨時に号外を印刷発行すること、した。

一、両国橋駅は本部を亀戸駅乗降場待合室から下総中山駅に移した。

名古屋鉄道局

一、沼津山北方面線路復旧に従事する線路工手、人夫及び駅員に対し糧食欠乏の報があったので白米百五十俵第四一〇列車にて名古屋より発送した。

上野保線、電力事務所

一、当時信濃川電力事務所の庁舎として田端駅構内に建設中の建物に移転した。

（三）運　転

東海道本線

一、平塚大磯間は本日開通したので三往復の旅客列車を運転した。

横須賀線

一、大船鎌倉間は本日開通したので品川鎌倉間七往復の旅客列車を運転した。

総武線

一、成田方面は平素の通り運転を開始するに至った。

(四) 船舶

一、伏見丸は食糧品を搭載して本日午後五時三十分名古屋港を出帆芝浦に向った。

一、神戸鉄道局の手配による三天丸は米三百俵を搭載して本日芝浦に到着した。

(五) 工務

一、鉄道第二聯隊第一大隊は横浜付近及び東神奈川原町田間の復旧工事に着手。

一、同第二大隊は八王子原町田間の復旧工事に着手。

一、青森保線事務所木工手十名は上野駅建物復旧工事応援のため出発。

一、大井工場技工は新宿駅貨物上家取片付に着手。

一、左記の区間は本日応急復旧工事を完了した。

東海道線　蒲田川崎間汽車線複線

〃　平塚大磯間単線

〃　　東京品川間単線

（六）電　気

一、大井工場技工は大井町変電所建物復旧工事に着手。

一、午前九時三十分東京兵庫電信二番線（中央廻り東京、名古屋、大阪、兵庫を接続）が開通するに至ったが、この結果電報山積し遅延甚しいので、同線は東京兵庫間に専用せしむることゝし、十月二十七日迄これが制限を持続した。

一、横浜駅へ磁石式交換機を仮設し、各所に電話機を装置して通話を開始した。

一、田端変電所は本日より田端大宮間に自働信号機用電力を送電した。

（七）工　作

一、大井工場技工は本日左の通り応援に着手若くは帰還した。

（イ）藤沢茅ヶ崎間顛覆貨物列車取片付のため更に技工四十五名増派。

（ロ）東神奈川右記構内貨車取片付のため出動した応援隊は帰還。

（ハ）技工四十八名は戸塚大船間脱線旅客列車取片付のため出発。

（八）経　理

一、東京鉄道局有楽町印刷所は職員の防火により奇蹟的に焼失を免れたが活字及び用紙の散乱、動

力の閉止等のため就業することが出来なかったから、八日動力の試験を了し、本日より就業する
こととなった。

（九）病　院

一、本日左記救護班を設置した。
渋谷駅　門司鉄道局医員以下七名
鎌倉駅　大船救護班員兼務

一、左記救護班は本日限り撤去した。
牛込駅　上野治療所救護班

九月十日（月）　雨　北　七十一度（二一・七度）　地震三十四回

（一）臨時震災救護事務

一、臨時震災救護事務局は各地方の同情と尽力とに依り漸次物資の発送計画成り相当供給の見込が立つやうになったので、今後の徴収又は蒐集はこれを見合はすの方針を採り本日府県知事へその旨通牒した。

（二）応急措置

本　省

一、焼跡に以前と略同様の坪数を有する仮庁舎建築の計画を樹てこれを請負に付した。

一、東京鉄道局経理課印刷所（麹町区有楽町高架拱《きょう》下）構内の一室を借受けて鉄道公報印刷場仮事務所とした。

名古屋鉄道局

一、慰問袋大箱八十個名古屋駅発中央線第七一七列車で掛員二名付添ひ発送した。

（三）運　輸

一、震災救護のため入京する在郷軍人団に聯隊区司令官の証明書を有し且司令部より軍人の付添ひある場合は無賃乗車船せしむる旨運輸局長より各鉄道局長に電達した。

一、横浜以西の線路復旧工事に従事する陸軍工兵隊を援助するため招致する地方青年団の輸送方に関し、及び上り旅客制限のため西武鉄道、武蔵野鉄道と旅客連隊一時中止に関し運輸局長より東京鉄道局長に通牒した。

（四）運　転

東海道本線

一、大船藤沢間は午後零時三十分試運転の上一時より単線運転を開始した。

横須賀線

一、鎌倉逗子間は本日開通したので品川横浜間一往復、品川大船間七往復、大船逗子間五往復、大船鎌倉間一往復の旅客列車を運転した。

（五）船　舶

一、神戸鉄道局の手配による安瀬丸は食糧品五十噸搭載して本日芝浦に到着した。

（六）工　務

一、荒川橋梁修理応援の新津保線事務所線路工手三十五名帰還。

一、大井工場技工東京駅汽車線上り下り両乗降場上家全部の取毀し片付に着手。

一、左記の区間は本日応急復旧工事を完了した。

東海道本線　　大船藤沢間

横須賀線　鎌倉逗子間

（七）電　気

一、東京建設事務所通信掛員七名は東京通信所内交換設備の復旧工事を完了し帰還。
一、工兵第十五大隊下士卒三十名は横浜付近通信線の応急工事を打切った。
一、鉄道第一聯隊通信班約三十名は前記工兵大隊の応急工事を引継いだ。
一、本省、改良事務所、新橋、上野、両国の各事務所仮庁舎並に焼失官舎等竣成と同時に通信設備を施行するため下記の通り計画を定めた。

イ、各庁舎の電話機数は既設の約三分の二と見積り設備すること。
ロ、官舎の電話機は既設と同様とすること。
ハ、本省は東京通信所に共電式交換機を増設し東京交換加入電話として設備すること。
ニ、上野交換は共電式にて田端に設備すること。
ホ、東京汐留間に二百対及び百対ケーブル各一條を架設すること。
ヘ、東京本省間に百対ケーブルを電話機所要数により適宜の條数丈け設備すること。
ト、各庁舎及び官舎の建造箇所決定次第所要材料の調査をなし一括して購入方の準備をなすこと。

一、大船駅工手詰所に五十回線用交換機一台を据付け構内の所要箇所と大船国府津中継線二回線（中間に大船交換を接続）をこれに収容した。

一、国府津小田原間に初めて電話線一回線を恢復し、又御殿場駅は公衆電話の取扱を開始した。
一、電信線は東京八王子線（中間に新宿中野国分寺を接続）を恢復した。
一、午前七時東京（通）青森（無電）電信線に田端を接続し田端青森線通信所間を活用した。

（八）工　作

一、東京検車所技工は浜松町付近で焼失した急行旅客第六列車の取片付を完了した。
一、大宮工場より品川機関庫機関車修繕応援の為め組立技工十五名、製罐技工三名を派遣した。
一、大井工場の動力は直流交流共本日から常態に復帰した。

（九）経　理

一、非第二号臨時手当支給方に関し経理局長より依命内牒を発した（非経発第一号）。

（十）病　院

一、本日左記の箇所に救護班を設けた。

田町駅	上野治療所	医員以下三名
大井町駅	大井工場治療所	医員以下十一名
芝浦岸壁	東京鉄道病院	医員以下五名

一、與瀬駅救護所は徒歩連絡の関係上與瀬上野原中間仮乗降場へ移転した。

九月十一日（火）　曇後快晴　南後南西　七十七度（二五・〇度）　地震十九回

（一）臨時震災救護事務

一、情報部では本日より「震災彙報神奈川版」を発行すること、なり、本月二十二日迄これを継続した。

（二）応急措置

一、各建設事務所長に対する臨時委任事項の件につき建設局長より通牒を発した（臨建第六号）。

一、名古屋鉄道局では毛布百枚の外提灯《ちょうちん》、蝋燭《ろうそく》、燐寸《マッチ》等中央線第七一七列車で田端食糧部委員宛送付した。

一、札幌鉄道局より送付の木炭五百俵、馬鈴薯百俵、キャベツ一千個、鮭缶詰十箱、ミルク三箱、鮭五十箱、鯣《するめ》五俵は本日新宿駅に到着した。

一、両国橋電力区は仮事務所を平井駅より千葉に移した。

（三）運　輸

一、名古屋、神戸、門司鉄道局相互間に対する貨車及び付属品の運用を図るため九月十五日より米原駅に駐在員を設置する旨各鉄道局長宛電達した。

一、震災地域新聞社宛新聞用紙は震災救護事務運輸交通部の輸送承認書あるものに限り当分無賃輸送の取扱をなす旨運輸局長より各鉄道局長へ電達した。

一、九月六日運輸局長電達の会社又は私的団体宛救護品無賃輸送の件は運輸交通部発行の承認書が遅延の虞ある場合救護事務局から取りあへず電報で承認を与へ発送後承認書とを引換へられることに改正した。

一、省連帯線相互間に使用される貨車に対して貨車使用料及び遅滞料を相互収受しないことに協定するやう運輸局長から各鉄道局長宛電達した。

(四) 運　転

東海道本線

一、品川横浜間七往復、品川藤沢間七往復の旅客列車を運転した。

一、大磯二ノ宮間開通に付四往復の旅客列車を運転した。

横須賀線

一、逗子沼津間の試運転を終了した。

房　総　線

一、蘇我土岐間は本日開通したが単に材料その他の輸送に必要な貨物列車丈けを運転した。

北　條　線

一、大貫佐貫町間開通に付第二一一列車から延長運転をした。

(五) 船　舶

一、名古屋鉄道局は房総及び横須賀方面へ救護品輸送のため八千代丸に白米百俵、味噌五樽、甘藷五十俵、漬物十五樽を搭載し午前八時出帆させた。

一、暴風雨のため難航を続けた仙台鉄道局所属茂浦丸は本日無事芝浦に到着した。

一、本日より連絡船の定員を高麗丸千二百人、景福丸千八百人と改正した。

一、熱海線方面糧食欠乏の報があったので東京鉄道局では発動機船山田丸を傭船し、蘭貢米《ラングーン》（注 外米）三百袋、塩四叺《かます》、梨十箱、白米五俵を搭載して本日午前十時芝浦を出帆させた。

（六）工 務

一、田浦横須賀間は海軍機関学校兵員により応急工事中の処本日から更に横須賀海軍工廠職工三百二十五名を増援した。

一、左記の区間は本日応急復旧工事を完了した。

東海道本線	藤沢辻堂間
〃	大磯二ノ宮間単線
横須賀線	逗子沼津間
房 総 線	蘇我土岐間
北 條 線	大貫佐貫町間

（七）電 気

一、大井工場技工は大井町変電所建物応急工事を完了した。
一、鉄道第一聯隊通信班は横浜大船間及び横須賀線電線路の復旧工事に着手。
一、亀戸に五十回線用交換機一台を取付けて千葉へ五回線、田端へ四回線の中継線を構成した。
一、東海道方面は横浜大船間二回線（一回線は程ヶ谷戸塚を接続）と運転専用線二回線（大船鎌倉間及び戸塚大船間）の電話線を構成した。
一、東京田端品川の電話加入者漸次増加に付電話番号表を謄写版刷として発行し関係者へ配布した。
一、電信は東京沼津二番線の裾野以西を活用した。
一、電報発送制限中、水戸、宇都宮両運輸事務所管内と仙台鉄道局管内相互間に往復するものにして田端を接続しない回線で取扱ふものはこれを廃止し得ること丶した。
一、東京仙台中継線は午後一時復活した。
一、田端仙台中継線は午後零時二十分不通となったが午後二時二十五分恢復した。
一、午後三時田端仙台（分室）電信線より宇都宮を撤去した。
一、大井町変電所は本日より東京神奈川間に電灯用電力を送電した。

（八）工　作

一、錦糸町工場技工三十二名は北條線岩井駅に於ける脱線車輌取片付のため出発。
一、大宮工場隅田川派出所は本日より焼損車輌の解体作業を開始した。

（九）病　院

一、本日より左記の箇所に救護班を設置した。

大船駅　名古屋鉄道局　医員以下十名

江尻駅　名古屋鉄道局　医員以下二名

一、九月六日木曽福島駅に設置の救護班及び九月九日駿河駅に設置の救護班は何れも本日これを廃止した。

東京駅丸の内方面（空撮）（国立科学博物館蔵）

九月十二日（水）　曇後晴　東南東　七十八度

（二五・六度）　地震十一回

一、本日震災に関する詔書が煥発《かんぱつ》せられた。

一、米穀輸入税を大正十三年三月三十一日迄免除の件が公布せられた（勅令第四〇七号）。

一、生牛肉及び鶏卵輸入税を大正十三年三月三十一日迄免除の件が公布せられた（勅令第四〇八号）。

一、震災の影響により必要あるときは政府は生活必需品並に土木又は建築の要に供する器具機械及び材料の輸入税を低減又は免除することの出来る旨公布せられた（勅令第四一一号）。

一、憲法第八条第一項に依り震災地の行政庁の権限に属する処分（大正十二年九月一日以前に為したるもの）に基く権利利益の存続期間にして大正十三年三月三十日迄の間に満了するものはこれを大正十三年三月三十一日に満了するものと看做《みな》す旨公布せられた（勅令第四一二号）。

（一）応急措置

一、東京付近震災に付部内執務方法に関する大体の方針を号外を以て次官より各鉄道局長、建設改良事務所長、信濃川電気事務所長に通達した。

一、各鉄道局長及び建設、改良、電気事務所長に対する臨時委任事項の件に付人事課長より通牒を発した（鉄秘第一〇号）。

（二）運　輸

一、震災救護事務のため召集するものの無賃輸送は廃止する旨運輸局長より各鉄道局長に電達した。

一、陸軍工兵隊で召集した新潟、富山、岐阜、埼玉県の地方青年団員に対して無賃輸送の取扱をなす旨運輸局長より東京、仙台、名古屋鉄道局長宛電達した。

（三）運　転

東海道本線

一、高島東横浜間本日開通。

一、二ノ宮国府津間は午後二時十五分試運転を完了した。

一、馬入川仮乗降場国府津間の列車運転に使用する機関車は本日より平塚海軍火薬工廠で給水することとなった（九月二十日迄継続）。

横須賀線

沼津田浦間は午前十時八分に試運転を完了した。

（四）船舶

一、芝浦清水港間の連絡船乗客定員を左記の通り定むる旨運輸局長より東京、名古屋鉄道局長宛電達した。

景福丸　二、〇〇〇名

高麗丸　一、二〇〇名

一、名古屋鉄道局は小田原国府津方面へ救護品輸送のため暁丸に白米五十俵、漬物八樽、味噌十三樽を積載し本日午後七時同地に出帆せしめた。

一、暴風雨のため難航を続けた札幌鉄道局所属七重丸、尾花丸は本日無事芝浦に到着した。

一、熱海線建設工事に従事中の鮮人約八百名を救済するやう命令があったので、東京鉄道局食糧部では食糧運搬船を種々捜査の結果三百噸の汽船朝日丸を手に入れることが出来たので本日白米三百俵、塩弐俵、梅干一樽、沢庵一樽を積載し霊岸島を出帆救済に向った。

（五）工務

一、秋田保線事務所木工手五名は東京及び川崎付近建物復旧応援のため出発。
一、福島保線事務所線路工手四〇名は八王子方面線路補修工事応援のため出発。
一、神戸鉄道局では更に本日百六十一名の応援隊を増派した。
一、熱海線建設事務所は国府津早川間の線路応急工事に着手した。
一、大井工場は新橋駅、階段修繕工事従事中の処本日完了。
一、東京機関庫は本日より水道で給水し得るやうになった。
一、左記の区間は本日応急復旧工事を完了した。

東海道本線	有楽町田町間汽車線
〃	横浜程ヶ谷間複線
〃	二ノ宮国府津間単線
〃	入江高島間単線
〃	高島東横浜間単線
〃	辻堂茅ヶ崎間
横須賀線	沼間田浦間

（六）電　気

一、東京横浜間の電話は四回線恢復した（午後零時十五分、午後二時二十分、午後三時十二分、午後三時十三分）。

一、東京品川間の電話は三回線恢復した（午前十一時、午前十一時十分、午前十一時十二分）
一、新宿は飯田町牛込を接続したものを除き他は略常態に復した。
一、東京国府津間電話は二回線恢復した（午後三時五十分、午後四時五十分これは恢復と同時に次に述べる東京兵庫線に充当）。
一、午後六時東京兵庫電話中継線が（東海道廻り東京兵庫交換を接続）開通した（東京国府津線と国府津兵庫線を接続）。
一、午後七時四十分東京横浜電信一番線が恢復した（中間に品川、大森、蒲田、川崎、鶴見、東神奈川を接続）。
一、午後一時二十分両国橋江見電信線は初めて江見迄全通するやうになった。
一、大久保変電所は本日午前五時より山手線品川鶯谷間に自動信号機用電力を送電した。

（七）工　作

一、北條線安房勝山岩井間で脱線顛覆した貨物第二六一列車は本日復線した。

（八）病　院

一、本日より左記の箇所に救護班を設置した。

高麗丸（芝浦清水港間連絡船）	東京鉄道病院	医員以下九名
景復丸（同上）	同上	医員以下十三名

山北駅　　　　神戸鉄道局　　医員以下三名

一、九月八日三河島駅に設置した救護班は本日これを廃止した。

一、田端駅前の派出所は旅客公衆の傷病者が著しく減少したので上野運輸事務所長と協議の結果これを撤廃した。

一、大船救護班を本部として更に左記救護班を設置した。

鎌倉　国府津

班長は熱海線真鶴方面を視察し、同処に仮救護所を設置した。

九月十三日（木）　雨天　東南東　七十八度（二五・六度）　地震十四回

（一）応急措置

一、各鉄道局長及び電気事務所長に対する臨時委任事項の件に付電気局長より通牒を発した（電非第一六号）。

一、本省に於ては各鉄道局及び兵庫県より徴発の自動車運転手等が来援したので車輌を購入増加し今日から左の通り自動車の配置を定めることとした（本配置は十月三十一日迄継続した）。

イ、大臣次官用　　二輌

青山、高田馬場、十條、大井、品川、新宿、牛込、大塚、本郷の各方面各一輌宛

ロ、別に定期便を作り書類及び発着荷物の送発並に関係者等の輸送用

新宿駅へ　　一日二回　　貨物車二輌

田端駅へ　　一日二回　　貨物車一輌

品川駅へ　　一日二回　　貨物車一輌

大塚駅へ　　一日二回　　貨物車一輌

ハ、定期便の外に救恤品並に応急用品の輸送、非常用

○神戸、名古屋よりの応急用品並に海外及び関西方面よりの救恤品引取のため　芝浦岸壁方面　二輌

○東北、北陸方面の救恤品引取並に省建築復興材料運搬に関する要務のため　田端方面一輌

○鉄道用品及び省用椅子、卓子類等運搬のため　隅田川方面　三輌
○木材防腐工場要務のため　深川方面　一輌
○被服工場応急設備並に復興要務のため　大井方面　二輌
○各地方庁並に地方団体等寄贈救恤品運搬要務のため
　新宿方面　三輌
　内務省　一輌
二、その他は鉄道病院、内閣各省、戒厳司令部、東京市役所、会計検査院、公私立団体、関係各会社へ交渉打合要務等のため使用及び鉄道線路復旧工事に従事の鉄道聯隊兵発病者を（東京鉄道局で輸送の補助として）千葉衛戍病院に輸送のため使用した。

（二）運　輸

一、災害に遭遇した荷物で作業困難のため正規の手続により難きものは当分の中左記により便宜処理して差支へなき旨東京鉄道局運輸課長より各運輸事務所長宛命令した。
　甲、手小荷物
　イ、罹災駅着のもので引渡の見込なきものは発駅に返還すること。
　ロ、途中駅滞留の儘輸送不能のものは開通を待つこと。
　乙、小口扱貨物
　イ、罹災駅着で引渡の見込なきものは手小荷物同様。

ロ、罹災駅着積合は仕立駅に、取卸後のものは発駅に返還すること。

ハ、〆切緩急車又は代用車へ積込区間を取卸区間として逆送すること。

ニ、不通区間相互間駅発着のものは現状の儘開通を待つこと。

丙、貸切扱

現車所在駅所管事務所より発駅所管運輸事務所に交渉すること。

丁、返還の手続

便宜方法によること。

戊、損敗の虞あるもの

所管運輸事務所長に於て便宜処理すること。

一、省用建築材料は救恤品同様急送を要するものであるから、工務局長発行の区間、数量を記入した代理託送証明書あるものは省用品として無賃輸送することとした。

(三) 運転

東海道本線

一、茅ヶ崎平塚間鳥井戸川付近に仮乗降場を設けて本日より鳥井戸川平塚間徒歩連絡を開始した。

一、二ノ宮国府津間は本日より運転を開始することとなり品川茅ヶ崎間七往復、平塚二ノ宮間七往復、二ノ宮国府津間上り七回下り六回の旅客列車を運転した。

横須賀線

一、逗子田浦間は本日より運転を開始し、品川田浦間八往復の旅客列車を運転した。

（四）船　舶

一、食糧及び救恤品の東京入込に対しては芝浦に於ける連絡設備の関係上省用品は従来海陸連絡の方法を採ったが、開通線路を利用する方が有利だと認めるやうになったので、貨物稍潤沢となったのを機とし最初の方針に基いて九月十三日一先づこれを打切り爾後旅客輸送に主力を注ぐこととなった。

（五）工　務

一、田浦横須賀間は本日から鉄道第一聯隊第一大隊が機関学校兵員及び海兵団職工と交替して作業を継続することとなった。
一、鉄道第二聯隊の主力は横浜八王子間の線路補修作業に従事中の処本日より工兵第十八大隊の増援を受けた。
一、荒川橋梁修理応援の山形保線事務所木工手十名は本日帰還。
一、錦糸町工場技工二十名は北條線江見に於ける橋桁鋲綴工事応援の為め出発。
一、両国橋駅構内線路補修工事応援の青森保線事務所線路工手三十名は本日帰還。
一、横浜線応急工事応援中の新宿保線区員中四十名は本日帰還。
一、本日より北條線湊川橋梁の応急修理に着手した。

一、本日鳥井戸川仮駅より馬入川東岸間及び平塚駅より馬入川西岸迄の応急工事に着手した。

一、大井工場技工三十二名は馬入川橋梁工事応援の為め出発。

（六）電　気

一、東京建設事務所通信掛員十数名は上野駅構内及びその付近に於て通信材料の後始末に着手。

一、東京大船電信線を東京横浜間活用し、大船国府津中継線の中二回線を横浜に延長し、品川大船中継線二回線を増設した。

一、電信電話復旧の進展に伴ひ従来田端、品川、新宿又は亀戸方面に随時職員を派して現場の状態を視察せしめ臨機の処置を講じて居たが、範囲拡大して敏活を期し難いので品川、新宿、田端、東京通信所に本省及び東京鉄道局員を駐在せしめ次の事項を掌握せしめた。

イ、輸送方法協定（漸次恢復する回線に対する輸送方法を関係局と協定すること）。

ロ、長距離回線の利用（臨機措置に関する協定、回線の臨時変更、中継方変更、臨時中継及びその他の措置に関する協定）。

ハ、臨時大井町無線電信所に於ける通信関係事項。

ニ、各局に於ける通信状況。

一、上野電信線を利用し次の回線を臨設し運転の円滑を計った。

イ、上野運輸事務所、大宮北部構内主任線

上野運輸事務所、王子貨物、赤羽、川口町、蕨、浦和、与野、大宮貨物、大宮北部構内

主任等を接続
ロ、上野運輸事務所大宮派出所線
上野運輸事務所、田端輸送
同　　　大宮派出
ハ、大宮交換上野運輸事務所線

一、電話加入者益増加につき大船、国府津、亀戸、千葉、横浜の電話番号表を印刷配布した。

（七）工　作

一、大宮工場技工五十名は海神奈川線構内車輌取片付応援中の処本日帰還。
一、大宮工場技工五名は大宮駅発着車輌の検査及び応急修理を応援。
一、錦糸町工場技工五十名は錦糸町駅構内車輌取片付及び給水槽修理又は保線工事応援従事中の処完了。
一、錦糸町工場技工三十二名は北條線岩井駅に於ける脱線車輌取片付に従事中の処帰還。
一、浜松工場雇及び技工手二十九名は御殿場に於ける脱線貨車整理のため出発。
一、東海道線藤沢駅で遭難した貨物第六〇〇列車は大井工場技工の手により本日取片付を完了した。

（八）経　理

一、中央線の一部及び山手線各駅の収入金は本日より日本銀行代理店が事務を開始したので災後初めてこれが預託を開始した。

（九）病　院

一、本日より左記の箇所に救護班を設置した。

谷峨信号場　　名古屋鉄道局　　医員以下六名

米原駅　　　　名古屋鉄道局　　医員以下三　名

一、九月八日駿河駅に設置の救護班は本日これを廃止した。

九月十四日（金）　曇天時々雨　南東　七十九度（二六・一度）　地震十六回

（一）応急措置

一、復旧事務進捗に伴ひ自動車の使用範囲漸次拡張され従来所有の車輌並に大井工場、神戸鉄道局及び仙台鉄道局より応援のものを以てしても尚不足を告げるやうになったので、新に乗用車及び貨物車を購入し、尚栃木県西那須野付近より乗用車十九輌（内五輌を本省所属とす）貨物車一輌を運転手と共に借入れ使用したが、而も尚不足の状態であったから、これが補助機関として本日馬車を借入れた（九月中に借入れ使用したもの自動車延四二二車、馬車一六三車に達した。これ等自動車並に運転手に付ては市内に於て供給潤沢となるに従ひ漸次解傭の上有料のものを補充し努めて使用能率の発揮を期した）。

一、各鉄道局長に対する臨時委任事項の件につき保健課長より通牒を発した（鉄官保特第二七号）。

（二）運　輸

一、在郷軍人団本部よりの召集に依り震災地域に入込む在郷軍人団に対しては聯隊区司令部の証明あるものに限り便宜官用半賃旅客に準じ運賃半減を以て輸送をなす旨運輸局長より各鉄道局長宛電達した。

一、救護のため入京するものに対する乗車券は信越線に由るものは田端駅又は日暮里駅、中央線に由るものは新宿駅打切りとして発売することに制限した。

一、仙台鉄道局に於ては震災地域各駅より震災以前の発送貨物が無通知で到着するものがあるので、荷札若くは車票によって荷受人の判るものは便宜引渡すやう通報した。
一、水戸運輸事務所応援隊は我孫子駅の派出所を閉鎖して本日帰還した。

(三) 運　転

北條線

一、佐貫町上総湊間は本日開通につき初列車から延長運転することとなった。

東北線

一、上野秋葉原間は本日初めて単行機関車を運転した。

山手線

一、本日品川鶯谷間電車線の試運転を行った。

(四) 工　務

一、田浦横須賀間は鉄道第一聯隊の外に本日から新潟県青年団二百六名が配属のこととなった。
一、左記の区間は本日応急復旧工事を完了した。

東北線　　鶯谷日暮里間電車線
北條線　　佐貫町上総湊間

(五) 電　気

一、大井町変電所側大井列車用無線電信所を利用し省連絡船との無線通信連絡を図ることとした。又予《かね》て東京駅に装置計画中であった高声電話機は品川駅に装置して旅客の誘導その他に使用中である。

一、横浜駅に更に三十回線用交換機一台を増設した。

一、応援のため横須賀駅で作業中の青森通信区助手、工手長及び工手十名は本日帰還。

一、安房北條交換は同駅構内通信工手詰所に諸回線を引込み電話機によって接続交換をなしてゐたが更に本日より同所に二十五回線用電話交換機一台を装置した。

（六）工　作

一、大宮工場技工五名は東神奈川駅に於ける焼損車輌取片付応援のため出発。

一、大宮工場技工八名は高島駅に於ける焼損車輌取片付応援のため出発。

一、常磐線東信号所構内で脱線した旅客第八一四列車は本日大宮工場へ回送入場させた。

一、戸塚大船間に於て脱線列車取片付中の大井工場工手十八名はこれを完了の上直に茅ヶ崎駅に於ける機関車引起し作業に従事した。

（七）経　理

一、両国運輸事務所管内各駅収入金は本日より千葉市日本銀行代理店にこれが預託を開始することとなった。

九月十五日（土）　曇天　午前一時微雨　南々東強　八十度（二六・七度）　地震十一回

（一）臨時震災救護事務

一、隅田川駅に配給支部設置以来札幌鉄道局発常磐線経由及び管内常磐線発の食糧品、救護品、復旧材料等は同駅に発着せしむることとなってゐたが荷役能力不足で貨車の停滞著しいため鉄道関係者に於てこれが荷卸をなし停頓中のものを一掃することとし秋葉原、飯田町各駅から貨物駅手及び人夫約三百五十名を同駅に派遣しこれが取扱ひに従事せしめた。

（二）運　輸

一、震災地着引渡不能貨物無賃返送方を運輸局長より各鉄道局長へ通牒した。

一、米原駐在員は本日事務開始と同時に名古屋、神戸及び門司鉄道局の配車事務担当員を集合せしめ碓氷越貨物の発送割当に付左の通り協議した。

名古屋鉄道局	六〇車
神戸鉄道局	五〇車
門司鉄道局	二〇車
計	一三〇車

（三）運　転

東海道本線

神奈川県酒匂橋崩落（毎日新聞社提供）

一、汐留品川間は本日より運転を開始した。

一、馬入川西岸に仮乗降場を設け平塚着発の列車を馬入川西岸着発に改めることとなったが、昨夜来の豪雨のため馬入川の渡船連絡（増水のため十三日より徒歩連絡を渡船連絡に変更してゐた）を中止するの已むなきに至ったので前記西岸着発のことは一時延期した。

（四）船　舶

一、名古屋鉄道局は小田原国府津方面へ救護品輸送のため高砂丸に白米五十俵、甘藷百俵、漬物十八樽を積載し本日午後七時同地に出帆せしめた。

（五）工　務

一、鉄道第一聯隊爆破班は馬入川鉄橋台爆破に着手。

一、仙台保線事務所線路工手五十名は東京品川間の線路補修工事応援。
一、宇都宮保線事務所保線工手百四十五名は上総湊浜金谷間に於て線路上崩壊土の除去作業に着手。
一、山形保線事務所保線工手四十名は上野付近線路補修工事応援。
一、大井工場技工は東京駅汽車線上家取毀完了。
一、左記の区間は本日応急復旧工事を完了した。

東海道線　品川汐留間
中央線　市ヶ谷四谷間複線
〃　御茶ノ水水道橋間単線

(六) 電　気

一、仙台新潟列車電灯所より応援の検査手一行は本日帰還。
一、電報発送制限中主任出納官吏から発送の経理局長宛現金出納簿残高及び回金発送中の金額報告電報に対してはこれを発送し得ることとした。
一、両国運輸事務所管内各駅の公衆電報の取扱を開始した。
一、東京通信所の交換は磁石式を共電式に取換へた。
一、昨夜来暴風雨のため東京国府津中継一、二番線及び東京兵庫中継線を始め馬入川架設の電線は全部流失したので、直に逓信省所属ケーブル中から三回線を借り入れ東京国府津間の連絡を保ち東京兵庫中継線の国府津兵庫間を復活したが、午後五時四十分山北谷峨間第七号隧道西口及び第

三、四号隧道第六号隧道入口に於て土砂崩壊したため遂に全回線は不通となった。
一、午後零時三十分東京田端中継線三回線は恢復し横浜東京間は平常に復した。
一、大井町無線通信所はスパーク式装置終了し、試験の結果良好であったから直に活用を開始した。
一、仙台新潟列車電灯所より応援の検査手一行は本日帰還。

（七）工　作

一、大宮駅掃除応援の大宮工場工手十名は帰還。
一、東海道線山北駅構内で脱線した貨物第四一二列車は本日午前十時復旧した。
一、飯田町駅に於ては焼損車輌取片付に着手。

（八）経　理

一、俸給給料臨時支払に対する整理方を会計課より関係箇所に通知した。
一、上野運輸事務所管内各駅の収入金は本日より十五銀行（日本銀行代理店）が業務を開始したのでこれが預託を開始した。

（九）雑　件

一、震災後本日より鉄道公報を復活発行することを得た。
鉄道公報の各駅配給方は書類帯紙等焼失に付当分鉄道局に総括送付し各鉄道局に於てこれを

区分し各駅連帯会社等へ各々配布せしむることとした。

九月十六日（日）　快晴後曇天　一時雨　南強　七十九度（二六・一度）　地震三回

一、詔書渙発に伴ふ内閣告諭公布（内閣告諭号外）。

一、震災に因り火災に罹った地区の仮設建築物及び救護その他応急的施設のためにする建築物にして大正十三年二月末日迄に建築に着手し昭和三年八月末日迄に除去するものは市街地建築法第二条乃至第十一条及び第十三条乃至第十五条の規定を適用せざる旨公布せられた（勅令第四一四号）

（一）震災救護事務

一、各地方長官及び各植民地長官に宛義捐金を以て任意物資を購入送付することを差控へられたき旨電達した。

（二）応急措置

被服工場

一、仮事務所たる東京鉄道局経理課長室より日本モスリン株式会社大井工場の一部を借り受け作業を継続することとなった。

（三）運　輸

一、東京鉄道局に於ては東北線方面各駅は軍隊の応援と輸送力の増加並に避難者の漸減等に依り次

第に秩序を回復して来たから本日より罹災者以外は一切無賃乗車を許さない方針をとった。

（四）運転

東海道本線

一、午前八時半より馬入川の渡船連絡を再開したので上り四列車より馬入川西岸迄延長運転した。

一、豪雨のため岩淵蒲原間一時不通の所本日午後二時五十分開通。

一、山北松田間は本日開通に付二往復の旅客列車を運転した。

一、横浜大船間は複線工事完了し、本日試運転を行った。

山手線

一、品川鶯谷間に本日より電車の運転を開始した。

但運転時間は当分の中午前六時より午後八時迄とし約十二分間隔。

中央本線

一、豪雨のため十四日午後不通となった笹子駅構内浸水箇所は本日午後二時復旧した。

（五）船舶

一、名古屋鉄道局は小田原国府津方面へ救護品輸送のため吉祥丸に白米五十俵、茄子漬三樽、韮漬百樽、甘藷百二十俵、味噌一樽を積載し本日午後十時に同地に出帆せしめた。

一、名古屋鉄道局は房総及び横須賀方面へ救護品輸送のため八千代丸に白米二十五俵、甘藷百俵、漬物一樽を積載し午後一時同地に出帆せしめた。

（六）工　務

一、鉄道第一聯隊は横浜大船間複線工事に従事中の処本日工事完了す。

一、荒川橋梁工事応援の新津保線事務所線路工手三十五名帰還。

一、秋田保線事務所線路工手五十名は横浜臨港線の線路補修工事応援のため出発。

一、左記の区間は本日応急復旧工事を完了した。

東海道線　　松田山北間　　単線

（七）電　気

一、東京付近の通信線路及びケーブル一條の架設、並に萬世橋上野方面の焼失通信線路の仮設その他一般通信復旧工事を担当した仙台、福島、山形、新津、秋田各通信区員及び本局通信掛員（但福島通信区員の中十三名残留）はそれぞれ工事完了し本日帰還。

一、馬入川の増水愈々加はり午前七時逓信省線も流失しこゝに全く通信杜絶したので同川以東各駅所を大船交換機に収容活用した。

一、暴風雨による山北谷峨間の被害線条も午後三時開通を見ると同時に左記回線も亦恢復した。

東京青森（無電）電信線（午前十一時全通）

東京仙台電信線（午前十一時全通常磐廻り）

東京福島電信線（午後三時臨設、田端、宇都宮、郡山を接続、二十三日午前九時四十分東京宇都宮電信一番線全通と共に田端福島電信線と改む）

東京水戸電信線（午後二時三十分臨設、田端北千住、馬橋、柏、我孫子、土浦、友部を接続二十一日午後五時五十分東京電線開通と同時に田端水戸電信線と改む）

一、大井町変電所は本日より山手線品川恵比寿間の電車線に送電を開始した。

一、大久保変電所は本日より山手線池袋恵比寿間の電車線に送電を開始した。

一、田端変電所は本日より山手線池袋鶯谷間の電車線に送電を開始した。

（八）工　作

一、大宮工場技工五名は高島駅に於ける焼損車輌取片付応援のため出発。

一、錦糸町工場技工二十八名は安房北條駅に於ける脱線車輌復旧工事応援のため出発。

一、大井工場技工は汐留及び飯田町駅焼損車輌取片付のため応援。

一、同工場技工は東海道線茅ヶ崎駅で脱線顚覆した貨物第四一〇列車の取片付を終了。

一、同工場技工は安房北條駅構内に於ける脱線顚覆貨車復旧応援に着手。

一、東海道線茅ヶ崎駅構内で同様遭難した貨物第六二五列車は駅員及び付近より通勤の職員の手により本日復旧。

一、東海道線程ヶ谷横浜間で焼損した旅客第一一二列車は東横浜検車所員の手により本日取片付を完了。

一、東海道線大磯平塚間で脱線顛覆した旅客第七四列車は本日取片付終了。

一、東海道線御殿場駅で脱線顛覆した貨物第九〇二列車は本日取片付終了。

（九）病　院

一、九月二日大宮駅に設置の救護班は本日よりこれを廃止した。

九月十七日（月） 晴時々曇　北後東　七十四度（二三・三度）　地震七回

一、本日新任鉄道大臣より左の通り訓示があった。

訓　示

今回不肖就任ノ初ヲ以テ一言諸子ニ告ク
不肖曩ニ職ヲ鉄道ニ奉スルコト多年今亦乏シキヲ鉄道大臣ニ承ク恰モ長途ノ旅行者時ヲ経テ郷里ニ復帰シタルノ感アリ諸子ヲ視ルコト故旧ニ異ナラス但微力菲才固ヨリ其ノ器ニ非サルヲ怕《おそ》ル今此ノ重任ヲ荷ヒ日夜勉励以テ報效ノ誠ヲ竭《つ》クサムコトヲ期スルノミ諸子亦因縁浅カラサルヲ思ヒ今後更ニ一段ノ援助一層ノ励精ヲ加ヘムコトヲ望ム
顧《おも》フニ国有鉄道ノ如キ十有七億ノ資財ヲ擁シ十八萬ノ従事員ヲ有スルノ大機関ニ在テハ各自其ノ心ヲ一ニシ各部局亦互ニ連絡ヲ保チ協調ヲ取リ彼此相扶ケ以テ国家ノ交通機関タル重大ナル使命ヲ完《まった》クスルノ最モ切要ナルモノアリ
今次帝都ヲ始メ横浜其ノ他ノ市邑ニ勃発セル未曽有ノ震災ニ至リテハ其ノ被害意外ノ悽惨ヲ極メ市区一焦土ト化シ罹災遭難者挙ケテ算スヘカラス畏レ多クモ皇族ノ其ノ数ニ入ラセラルヲ免カレサリシハ最モ痛心ニ勝《た》ヘス
災厄既ニ異常ナリシタメ
天皇陛下ニハ切ニ宸襟ヲ労セラレ嚮《さき》ニ内廷ノ賛ヲ下シ賜ヒ
摂政殿下軫念《しんねん》亦深クシテ特ニ優諚《ゆうじょう》ヲ伝ヘサセラレ近クハ更ニ仁慈ナル大詔ヲ降シ給ヒテ民心ノ安定ヲ望マセラレ殊ニ帝都ノ復興ヲ命セサセラル生民ノ休戚国運ノ隆替ニ叡慮ヲ注カセ給

フコト此ノ如キハ諸子ト共ニ恐懼感激ニ禁フルナシ

此ノ時ニ方リ諸子能ク感奮努力シテ夙夜邁進或ハ応急ノ工事ニ或ハ罹災民及救護品ノ輸送ニ全力ヲ傾ケ復《ま》タ一身ノ安危ヲ顧ミルノ暇ナク犠牲ノ精神ヲ以テ其ノ業務ニ服シ急遽能ク交通機関ノ本分ヲ竭《つく》シタルハ衷心感謝ニ堪ヘス各局所ニ在リテモ亦皆遠邇《えんじ》相援ケ率先救済ノ任ニ当《あた》リ協力以テ復旧ノ工事ニ尽瘁シタルハ共同一致ノ美風ヲ発揚シタリト謂フヘシ

但夫レ鉄道ノ被害至大ニシテ前途今尚遼遠ナリ諸子ノ益々健康ニ留意シ更ニ一段ノ能率ヲ発揮シテ策励努力愈交通機関ノ使命ヲ完クシ社会公共ノ福祉ヲ増進シ以テ上ハ叡慮ヲ慰メ奉リ下ハ民心ノ安定ヲ図ルニ寄与セラレムコトヲ望ム

一、九月十六日勅令第四一六号に基く仮設建築物の地区及び救護その他応急施設のためにする建築物の種類を左記の通り指定せられた。

（イ）仮説建築物の地区は左記の区域内に於て火災に罹りたる地区とする。

東京市　牛込区を除きその他全域

南葛飾郡　吾嬬町、亀戸町、大島町、砂町

北豊島郡　三河島町、日暮里町

豊多摩郡　淀橋町

横浜市

（ロ）救護その他応急的施設のためにする建築物は左記種類のものに限る。

一、罹災民救護又は避難のために建築する応急的建築物。

一、震災善後のために要する食糧品、衛生材料、建築材料、運搬用具等を一時貯蔵するための建築物（内務省令第三三号）。

一、勅令第四一一号生活必需品並に土木又は建築の用に供する器具機械及び材料の輸入税の低減又は免除に関する件の施行方公布せられた（勅令第四一七号）。

（一）臨時震災救護事務

一、神奈川県知事及び横浜市長を事務局参与に加へた。鉄道省に於ては運輸局運転課技師一名が更に同局事務官に任命せられた。

（二）応急措置

一、九月八日以来実施して来た食糧券の無料供給は本日限り打切りとし以後は有料として一升四十銭の割合で（この金額は随時変化した）で配給することとなった。

（三）運　転

一、避難民無賃輸送は三等に限ることとし、且普通急行料金免除の件を（但特急には乗車せしめず）運輸局長より各鉄道局長に電達した。

一、救護事務のため震災地に来た在郷軍人、地方青年団にして帰郷するものに対しては臨時震災救護事務局の証明書持参のものに限り九月三十日発迄無賃乗車船の取計ひをなす旨運輸局長より各鉄道局長宛電達した。

㈣ 運 転

東海道本線

一、品川田浦間の直通運転を廃止して品川茅ヶ崎間の直通運転に変更し品川横浜間十二往復、品川茅ヶ崎間八往復、大船田浦間八往復、平塚国府津間四往復の旅客列車を運転した。

一、海神奈川高島間及び東神奈川海神奈川間開通。

高崎線

一、午前六時三十六分本宿信号場で旅客第一〇四列車が脱線顛覆したが午後一時二十分第一〇六列車から開通した。

㈤ 船 舶

一、海軍の制限により震災地域内は連絡船の無線通信が出来なかったが、交渉の結果本日より特に連絡船相互間に限り一定の時間中無線通信を許可せられた。

㈥ 工 務

一、秋田保線事務所線路工手五十名は横浜臨港線線路補修工事応援。

一、上野駅応急工事応援の仙台保線事務所建築工手三名帰還。

一、土浦方面線路補修応援の仙台保線事務所線路工手百名の内一部帰還。
一、信濃町方面線路補修工事応援の仙台保線事務所線路工手百名の内一部帰還。
一、大井工場技工は新宿駅貨物上家取片付従事中の処本日完了。
一、大井工場技工は高架線修繕工事従事中の処本日完了。
一、左記の区間は本日応急復旧工事を完了した。

東海道線　程ヶ谷大船間複線
〃　御殿場岩波間複線
〃　東神奈川高島間
〃　東神奈川海神奈川間
中央線　水道橋飯田町間
東北線　赤羽川口町間複線

（七）電　気

一、国府津沼津間の通信回船復旧のため出発した静岡保線事務所員名古屋通信区員及び同局電気課員一同帰還。
一、四日より仙台鉄道局応援隊によって外線工事中であった東京牛込間は本日完成した。
一、馬入川不通箇所に八番鉄線をメッセンジャー線として五回線分の被覆線を架設した。
一、隅田川倉庫に機械検査のため送致して置いた標準時計（震火災を免れたもの）五十個の時計調整を東京天文台に依頼すると共に正確なるものを以て東京通信所より正午報の伝送を開始した。
一、通信網稍整備するに至ったので東京通信所を接続せる回線を除いたその他の回線によるものに対しては一般通信の制限を解除した。
一、臨時大井町無線電信所と東京通信所との間に有線電信線一回線を構成した（本回線は十月一日午後七時十分限り廃止）。
一、電話線は東京新宿間中継線一回線を復活した。

（八）工　作

一、大宮工場技工五名は大宮駅発着車輌応急修理応援中であったが本日限り打切りとした。
一、大宮工場技工十四名は秋葉原駅に於ける焼損車輌取片付応援のため出発。
一、東海道線御殿場富士岡間で脱線顛覆した貨物第四〇九列車は本日取片付完了。

九月十八日（火）　晴午後一時曇　北東　七十三度（二二・八度）　地震四回

（一）臨時震災救護事務

一、救護協議会の組織に関する大綱が完成した。

（二）応急措置

一、各鉄道局長に臨時委任事項の件につき経理局長より通牒を発した（非経発第十二号）。

（三）運　輸

一、左記震災地域内購買部の仕入品に対しては無賃輸送の取扱をなす旨運輸局長より電達した。

左　記

中央、東京地方部、新橋、上野、両国、本省、被服工場の各購買支部。

（四）運　転

東海道本線

一、東京品川間は本日開通につき東京横浜間十二往復、東京茅ヶ崎（鳥井戸川）間及び東京品川間何れも七往復、大船田浦間八往復、馬入川西岸国府津間七往復、二ノ宮国府津間二往復、松田山北間八往復の旅客列車を運転した。

横浜線

一、原町田八王子間は本日開通につき旅客列車三往復を運転した。

（五）工　務

一、大宮工場技工二名は酒匂川橋梁復旧工事応援の為め出発。
一、鉄道第一聯隊爆破班は馬入川鉄橋橋台爆破終了。
一、上野駅応急工事応援の仙台保線事務所木工手十五名帰還。
一、土浦方面線路補修工事応援の仙台保線事務所線路工手残り全部帰還。
一、近衛工兵大隊は錦糸町停車場西北隅の橋梁工事に着手。
一、青森保線事務所線路工手三十名は両国橋駅構内線路補修工事応援。
一、信濃町方面線路補修工事応援の仙台保線事務所線路工手残り全部帰還。
一、本日より北條線第一瀬戸川橋梁の応急修理に着手した。
一、左記の区間は本日応急復旧工事を完了した。

東海道線　田町品川間
〃　平塚大磯間複線
〃　駿河御殿場間単線
横浜線　原町田八王子間

（六）電　気

一、水戸通信区員及び下館通信区員は東京萬世橋間、横須賀線及び横浜線の復旧工事を完了し十一名帰還。
一、六日より札幌鉄道局応援隊によって外線工事中であった神田田端間は本日完成した。
一、仙台鉄道局所属通信区助手、工手長、工手は同局出張員に於て担当した東京、萬世橋、飯田町間に於ける応急工事が大略竣成したので福島通信区技手外工手十二名を残し他は全部帰任した。
一、横浜交換に収容してある全部の各駅及び横浜八王子中継線は本日復旧した。

（七）工　作
一、大宮工場技工八名は大宮駅発着客車掃除を応援。
一、同工場技工二十一名は秋葉原駅に於ける焼損車輌取片付応援のため出発。
一、同工場技工六十余名は高崎線本宿信号所に於ける列車事故の復旧並に死傷者救護のため出動して即日帰還。
一、大宮工場隅田川派出所技工三十名は隅田川駅構内焼損貨車解体作業を応援。
一、大井工場技工は安房北條駅構内に於ける脱線顛覆貨車復旧応援中の処完了。
一、錦糸町工場技工二十八名は安房北條駅に於ける脱線車輌の復旧工事を完了して本日帰還。

（八）経　理
一、今回の事変に際し災害地域内に在勤せる職員の九月二日以後の俸給其他諸給与は当分の内左記に依り支給すへき旨経理局長より依命通牒した。

記

一、出勤執務せる者は執務の事実に依る。

二、その他の者は従来の勤務状態に依り受くへき俸給、給料、嘱託手当、年功加給、臨時賞与、連結手割増給及び工場員特別勤勉手当を支給す。

（九）病　院

一、本日より左記の箇所に救護班を設置した。

馬入川西岸　　名古屋鉄道局医員一名

一、九月九日鎌倉駅に設置の救護班は本日之を廃止した。

九月十九日（水）　快晴後曇　東北東　七十三度（二二・八度）　地震五回

一、帝都復興審議会官制公布（勅令第四一八号）

（一）臨時震災救護事務

一、事務の整理統一を期するため本日より販売米はこれを農商務省食糧局に移すこととした。

（二）応急措置

一、横浜付近及び以西東海道方面に於ける震災関係事務応急処理のため横浜に駐在員を設置することとなり本日出発赴任した。

一、九月十二日号外執務方針中鉄道局長をして臨時専決施行委任事項に関する件に付運輸局長より各鉄道局長に宛国有鉄道旅客荷物運送規則第五十五条乃至第五十八条に依る運賃割引拒否専決方を通達した。

一、両国橋駅はその本部を下総中山駅から両国鉄道会議所内に移した。

（三）運　転

一、牛込吉祥寺間（飯田町牛込間空車廻送）に電車の運転を開始した。その運転時間は午前六時より午後八時迄とし、牛込中野間は三台連結十二分間隔、中野吉祥寺間は三台連結三十六分間隔とした。

（四）工　務

一、鉄道第二聯隊第二大隊による八王子原町田間復旧工事完了。

一、東京、萬世橋、飯田町間応急工事竣成に付仙台鉄道局出張員及び福島通信区員及び工手全部帰任。

一、八王子方面線路補修工事応援の福島保線事務所線路工手八十名帰還。

一、荒川橋梁修理その他に応援の福島保線事務所線路工手六十七名帰還。

一、品川機関区は本日より自庫で給水し得るやうになった。

一、左記の区間は本日応急復旧工事を完了した。

東海道線　　国府津下曽我間単線

（五）電　気

一、六日より神戸鉄道局応援隊により工事中であった東京品川間及び品川横浜間の外線は本日完了。

一、三日より水戸、宇都宮応援隊によって外線工事中であった横浜国府津間は本日完了。

一、鉄道第一聯隊通信班による横浜大船間及び横須賀線電線路応急工事は本日完了。

一、千葉駅本屋仮修築成り屋外に臨設の電話交換機を本室に移転した。

一、大久保変電所は本日より中央線飯田町中野間に自働信号用電力を送電し、尚吉祥寺変電所と共に中央線飯田町吉祥寺間の電車線にも送電を開始した。

（六）工　作

一、御殿場駅に於ける脱線貨車整理中の浜松工場工手二十九名は本日帰還。

一、横浜線長津田中山間で脱線した貨物第八五二列車は本日午後三時二十分復旧した。

一、大宮工場隅田川派出所は本日より作業を開始した。

（七）病　院

一、丸ノ内鉄道協会に在って救護に努めた鉄道病院は本日から新宿駅構内東京鉄道局経理課調査掛庁舎の一部に移転して一般診療を開始することとなった。

一、本日左記救護班を廃止した。

東京駅　　神戸鉄道局救護班
江尻駅　　名古屋鉄道局救護班
浜松駅　　同上

九月二十日（木）　曇天午後降雨　南　七十三度（二二・八度）　地震六回

（一）応急措置

一、東京鉄道局が九月三日定めた臨時事務分掌は本日限りこれを廃止して旧に復することとなったが、諸般の実情より食糧部は庶務課、記録部は運輸課所属として当分存置することとなった。

（二）運　輸

一、戒厳地域内の軍事輸送は適当の証明文書を提出せしめ個人、部隊及び携行車需品共当分の間総て無賃輸送をなす旨運輸局長より東京鉄道局長宛通達した。

一、生絲は左の条件を承諾したるものに限り運送の取扱をなし差支ない旨運輸局長より各鉄道局長へ電達した。

左　　記

甲、発着駅　イ、中央線（與瀬以東）　東北線　奥羽線　磐越線　陸羽線　総武線各線発東横浜又は横浜港着

ロ、前記以外の各駅発横浜港着（清水港横浜港間省臨時航路経由）

乙、運送便の種類及扱種別　普通便貨切扱

丙、運賃　（イ）の区間に発着するもの　所定

（ロ）の区間に発着するもの　発駅清水港間運賃に清水港横浜港間運賃（清水港に於ける中継費を含む）一噸に付十二円十銭を加ふ

丁、引渡方法　清水港、横浜港間臨時航路によるものは汽船舷門に於て引渡をなす

戊、その他の取扱条件

イ、貨物の保管及損害に付ては鉄道其責に任せす発駅に於て其旨の免責特約をなすべし

ロ、本達に規定せざる事項は九月二十一日告示第一七八号左記第六号に依る

一、九月二十一日より震災地方行貨物の種類を拡張することになったが木材等大量のもので航路に依り運送の途あるものは成るべくこれに依らしめるやう運輸局長から各鉄道局長宛電報した。

一、救恤品輸送に関し不正者取締の件を運輸局長より各鉄道局長に通牒した。

一、名古屋鉄道局では北陸線の輸送を次の様に計画したので九月十八日米原駐在員は名古屋及び神戸鉄道局関係者を米原に招集し協議の結果本日よりこれを実施することとなった。

米原	敦賀	六一〇
敦賀	福井	六三〇
福井	金沢	五九〇
金沢	富山	五六〇
富山	糸魚川	四六〇
糸魚川	直江津	四三〇

(三) 運転

東海道本線

一、本日国府津駅第三酒匂川仮乗降場間に旅客列車の試運転を行った。

総武本線

一、錦糸町亀戸間は本日開通、仍て列車運転時刻を全部改正し錦糸町千葉間十七往復、その他の区間は大体前日と同一回数の旅客列車を運転し錦糸町より銚子、成田、上総湊の各方面及び成東勝浦間に直通旅客列車を運転することとなった。尚本日より貨物列車は錦糸町駅に発着せしむることとした。

（四）工　務

一、鉄道第一聯隊による横須賀線第七号隧道より横須賀駅（構内を含む）間単線復旧作業は完了。

一、鉄道第一聯隊による横須賀線第五号、第八号隧道の除土作業に従事中の処最難作業たる第八号隧道除土作業を本日完了。

一、八王子方面線路補修工事応援の福島保線事務所線路工手百名帰還。

一、上野構内建物復旧応援の青森保線事務所木工手十名帰還。

一、左記の区間は本日応急復旧工事を完了した。

東海道線　　下曽我松田間

（五）電　気

東海道線（現御殿場線）下曽我駅

線路および乗降場擁壁の陥落大破壊（国立科学博物館蔵）

一、水戸通信区員及び下館通信区員の残留隊六名帰還。

一、横浜国府津間の応急工事を担当した水戸及び平通信区員三十三名帰還。

一、品川横浜間の応急工事担当の大阪、兵庫両通信区員約四十名帰還。

一、上野駅構内及びその付近に於て焼損通信材料の後始末に従事中の東京建設事務所通信掛員十名は本日これを完了。

一、大井工場技工は矢口発電所屋根取片付、クレーンガーター及び建物応急修理に着手。

一、午後七時品川電信室を本屋に移した。

一、亀戸錦糸町間鉄道線路開通と同時に亀戸交換を錦糸町に移した。

一、東京横須賀電信線は午後七時鎌倉迄、山北電信二番線は午後一時三十分国府津迄それぞれ開通した。

一、東京沼津電話中継線も恢復し漸く国府津以西に対する通話が可能となった。
一、大井町変電所は本日より品川蒲田間自働電信号用電力を送電することとなった。
一、田端変電所は本日より池袋赤羽間の電車線に送電を開始した。

（六）工　作

一、大宮工場技工八名は大宮駅発着客車掃除応援中の処本日限りこれを打切りとした。
一、東海道線国府津下曽我間で脱線顛覆した貨物第六〇三列車は門司鉄道局応援隊の手により本日取片付完了。
一、横須賀線鎌倉駅で脱線した貨物第三二列車は本日復旧した。
一、本日東京駅の焼損車輌取片付を完了。

（七）経　理

一、会計規則第九十三条の特例を設け十分ノ一の保留額を免除することに本日協議なった。

（八）雑　件

一、本日達第六一一号を以て国有鉄道現業委員会規定中の一部を改正し委員会を時宜により年一回となすことを得る旨通達した。
一、東京鉄道局局報は本日より号外の形式を以て発行することとなった。

九月二十一日（金）　曇天午後降雨　南々西後北　七十六度（二四・四度）　地震七回

（一）臨時震災救護事務

一、鉄道省運輸局駐在官たる官房現業調査課長及び高島駅長を事務局事務官に任命した。

（二）運　輸

一、本日より市区町村長発行便宜様式の証明書を有するものに限り該証明書引換に証券を交付し避難民無賃輸送の取扱をなす旨運輸局長より各鉄道局長宛に電達した（運非第十六号）。

一、上り列車の一部客扱を中止して輸送力を制限したが本日より平常通り客扱をなす旨大臣より各鉄道局長宛電達した。

一、本日告示第一七七号を以て震災地域停車場の運輸営業を左の通り指定した。

（イ）一時一般運輸営業停止

東海道線　有楽町　新橋　浜松町　神奈川　浜川崎　高島　小机　中山　長津田
　横須賀　横浜港　熱海線各駅

中央線　神田　萬世橋　御茶ノ水　水道橋

東北線　上野

総武線　両国橋　浜金谷江見間　久留里線各駅

東京、横浜市内営業所

（ロ）旅客、手小荷物、旅客付随小荷物発送貨物及び到着小口扱貨物の取扱停止

総　武　線　　錦糸町

（ハ）発送貨物及び到着小口扱貨物の取扱停止

東海道線　汐留　東横浜

東　北　線　秋葉原

中　央　線　飯田町

（ニ）到着小口扱貨物の取扱停止

東海道線　品川

東　北　線　田端　王子　三河島　北千住　隅田川　大崎　恵比寿　渋谷　新宿　目白　池袋　大塚　巣鴨　板橋

総　武　線　亀戸

（ホ）旅客付随小荷物（旅客自用自転車を除く）及び小荷物の取扱並に手小荷物及び貨物の配達取扱停止

東海道線　東京駿河間及同区間より分岐する貨物支線、横浜線、横須賀線各駅

中　央　線　東京與瀬間（手小荷物関係にありては東京千駄ヶ谷間）各駅

東　北　線　鶯谷王子間各駅　秋葉原

山　手　線　日暮里北千住間各駅　隅田川

総　武　線　錦糸町　亀戸

一、当分の中震災地方行貨物の取扱方を左記の通り指定した（告示第一七八号）。

（一）品種

甲、救恤品

乙、食糧品（飲料を含む）　飼料　家畜　衣類　寝具及付属品（タオル、手拭類を含む）並に其材料　運搬具　燃料　薬品及衛生材料　小間物　乾物類　紙類　畳　建具及其材料　炊事用具　食器類　諸工具　履物　雨具類

（二）運送便の種類及び種別　普通便による貸切扱及び特種扱中級外品第三種家畜

（三）着駅　汐留駿河間及び支線各駅（浜川崎、高島、小机、中山、長津田、横須賀、横浜港及び熱海線各駅を除く）

秋葉原、田端、王子、三河島、隅田川、北千住及び山手線各駅

飯田町、與瀬間駅

錦糸町、亀戸及び木更津上総湊間各駅

（四）荷送人及荷受人　限定せず但救恤品は行政庁又は公共団体とす

（五）運賃

甲、救恤品　無賃

乙、その他　普通運賃（最低運賃共）の五割減

（六）取扱方

（イ）荷受人が到着の日の翌日中に引渡の請求に応ぜざるときは荷送人の費用を以てこれを発駅に返還することもあるものとす。この場合運賃は往復共前号を適用せず。

（ロ）返還以外の処分の請求に応ぜず。
（ハ）貨物引換証を発行せず。
（ニ）代金引換の取扱をなさず。
（ホ）積卸及び到着通知は着駅に於て口頭又は掲示を以てこれをなす。

一、前記貨物を取扱ふ駅に於ては指定以外の貨物の到着を停止する旨達第六一七号を以て達せられた。

尚前記取扱品種に該当するものでも贅沢品、不急のものの如きは見合はさしむるやう、又救恤品とは罹災民に対し無料で給与又は提供する物品を意味し復旧材料の如きは包含しない旨を通報した。

一、罹災者に対し市区町村長の発行する証明書が兎角乱雑に流れる傾向があるので本日これが取締方を次官より臨時震災救護事務局副総裁に通牒した。

一、震災地行救恤品等鉄道で無賃の輸送をなすものに対しては実費（取扱手数料は無料）を以て公認運送組合中央会より申出があった。

一、芝浦清水港間の船車連絡及び東北並に総武線開通に付本日より左の通り初めて手小荷物輸送用自動車を運行することとなった。

記

（イ）田町芝浦間　二噸車　一輛
（ロ）東京上野間　二噸車　二輛

（八）東京錦糸町上野間　二噸車　一輛
（二）東京新宿上野間　　二噸車　一輛

一、罹災者にして定期乗車券又は回数券の通用期間延長又は運賃の払戻を請求するものに対しては左記により取扱ふべき旨運輸局長より東京鉄道局長宛通牒した。

記

一、一ヶ月定期券に対しては九月一日以後不使用期間日割に依り運賃の払戻をなすこと。
二、払戻に対しては手数料を免除すること。
三、九月二十日迄は列車運転の有無に拘らず使用者の申立に依り使用日数、不使用日数を計算すること。
四、九月二十一日以後は列車不通区間を不使用と見做すこと。但実際不使用の旨申立をなしたる者に対しては相当理由あるものに限りこれを認むること。
五、定期券通用期間延長は全区間不使用期間に相当する日数とすること。
六、回数券に対する払戻は残余の券片に対し券片割に依り払戻すこと。右に対しては手数料を免除すること。
七、回数券に対する通用期間延長を請求するものに対しては一箇月間の延長をなすこと。

（三）運　転

東海道線

一、本日より山北谷峨間（谷峨及び第三酒匂川に仮乗降場を設けた）及び茅ヶ崎平塚間二ヶ所の徒歩及び渡船連絡船を介して東海道本線全通するに至った。依て左の如く運転回数を定めた。

	区間	下り	上り	記事
旅客列車	東京蒲田間小運転	三二	三二	
	東京横浜間	八	八	
	東京保谷間	五	五	
	東船間	一		
	東京鳥井戸川仮乗降場間	七	八	
	大船鳥井戸川仮乗降場間	一		鳥井川馬入西岸間は鳥井戸川馬入東岸間約十四丁徒歩馬入川渡船にて連絡
	馬入西岸仮乗降場平塚間		空廻一	
	馬入西岸仮乗降場国府津間	一	一	
	馬入西岸仮乗降場第三酒匂川仮乗降場	五	四	
	平塚第三酒匂川仮乗降場間			
	山北第三酒匂川仮乗降場間	一	空廻一	第三酒匂川谷峨間は徒歩約十七丁にて連絡
	谷峨沼津間	六	六	
	大船田浦間	八	八	
	原町田八王子間	三	三	
貨物列車	品川東神奈川間	四	四	
	品川茅ヶ崎間	一	一	
	東神奈川茅ヶ崎間	一	一	
	平塚山北間	一	一	
	大船田浦間	一	一	

山手線

一、池袋赤羽間に略従前通り電車運転を開始した。

中央線

一、吉祥寺牛込間の電車を本日より飯田町迄延長することとなった。

（四）船舶

一、連絡船は最初震災地域内に在る避難民の排出を目的とし一般旅客の取扱をしなかったが、本日より徒歩連絡を介し東海道線が全通するに至ったので左記運賃及び定員によりこれが取扱をも併せ行ふこととなった（九月十七日運輸局長発東京、名古屋、神戸、門司各鉄道局長宛電報）。

左記

	一等	二等	三等
高麗丸	四三人	一九二人	四四〇人
景福丸	四五人	二一〇人	六九〇人
賃金	八円〇〇銭	五円二〇銭	二円五〇銭

備考　一、乗船券は田町駅及びジャパンツーリストビューローにて発売す。

二、食事料金は右運賃に含まず。

三、罹災証明書を所持するものに限り本月三十日迄無賃乗船を取り扱ふ。

一、多喜丸は本日漸く芝浦に於て荷揚を完了したので門司鉄道局よりの招電により午後五時品川発帰関の途に就いた。

（五）工　務

一、東京品川間、萬世橋新宿間、線路補修工事応援の青森保線事務所線路工手三十名帰還。
一、東京品川付近建物復旧応援の秋田保線事務所木工手五名帰還。
一、上野本屋建物応援の新津保線事務所木工手十名帰還。
一、馬橋北小金間、亀有及び上野駅へ応援の水戸保線事務所線路工手二十七名帰還。
一、東京品川間線路応急工事応援の東京第一改良事務所工手は工事完了し帰還。
一、左記の区間は本日応急復旧工事を完了した。
　東海道線　有楽町田町間電車線
　〃　　　　谷峨駿河間

（六）電　気

一、東京品川間屋外電線復旧工事応援のため出動した門司、廣島、鳥栖の各通信区員計五十七名は帰還。
一、本日通信線の復旧したものは次の通りである。
　（イ）電信線
　　両国橋銚子電信線に千葉を接続

東京沼津電信線（中間に国府津を接続）は午後九時二十五分これに御殿場沼津（三島裾野を接続）臨時電信線を接続
東京茅ヶ崎電信線（午後四時十分臨設藤沢を接続）
東京新津電信線（午後六時四十分恢復、田端長野を接続）
東京平塚電信線（午後五時五十分恢復、田端水戸を接続）
東京青森電信一番線（田端、福島、山形、秋田を接続）
東京千葉電信線
亀戸千葉電信線を錦糸町に延長

（ロ）電話線
東京仙台中継線（在来の上野仙台中継線を延長）
東京宇都宮中継一、二番線（午後三時三十五分復旧）
田端仙台中継線（東京仙台中継線を活用）
東京水戸中継線
東京大宮（工場）中継線（午後三時三十五分恢復）

一、天文台に依頼した標準時計の中三個正確なるものを東京通信所に運び時間の正確を図ることとなった。

（七）工　作

一、大宮工場技工二名は赤羽発電所ランウェーガーター修理のため出発。
一、品川機関庫に於ける破損機関車修理応援の大宮工場技工十名帰還。
一、東神奈川駅に於ける焼損車輌取片付応援の同工場技工五名帰還。
一、高島駅に於ける焼損車輌取片付応援の同工場技工三名帰還。
一、大宮工場技工十五名は横浜及び海神奈川駅に於ける焼損車輌取片付応援のため出発。
一、大宮工場隅田川派出所技工は隅田川駅構内焼損貨車解体作業応援中の処本日完了。
一、全焼した錦糸町工場は最初市川駅付近の民家に置いたが本日更に千葉機関庫に移転した。

（八）病　院

一、左記救護班は本日これを廃止した。

池　袋　駅　東京鉄道病院救護班
北千住駅　仙台鉄道局救護班
田　町　駅　上野治療所救護班
大井町駅　大井工場治療所救護班

九月二十二日（土）　曇後快晴午前微雨　東後北　六十五度（一八・三度）　地震五回

（一）臨時震災救護事務

一、配給部の掌理してゐる米穀管理輸送の事務は事務局嘱託団協議会をして当らしめることとし関係者協議の上本日からその引継を開始した。

一、陸軍飛行機の東京各務原定期航行は本日より廃止することとなった。

一、本日及び明二十三日の両日に亘って芝浦出張所及び両国支所の事務を救護協議会に引継ぐこととなった。（但海軍は二十四、二十五日の両日にて引継）

一、情報部発行の「震災彙報神奈川版」は本日より廃刊した。

（二）運　輸

一、宇都宮運輸事務所よりの駅務応援者百二十三名は本日帰還した。

一、九月三日より六日に亘って出動した仙台鉄道局の車掌、車掌監督助手、駅務助手、貨物駅手一行は本日帰還した。

一、罹災者にして一旦便宜の地迄無賃扱により避難したものが故郷又は親戚知己の下へ帰行する場合には現避難地を所轄する府県知事又は市町村長の証明書を有するものに限り該証明書引換に三等賃金五割を低減する旨鉄道大臣より公布せられた（達第六一九号）。

一、震災地に到着した救護材料にして救護の目的を達し発送地に返還する場合当分の中無賃扱となす旨公布せられた（鉄道省告示第一八一号）。

一、罹災者にして定期乗車券又は回数乗車券の通用期間延長又は運賃の払戻を請求するものに対する取扱方に付運輸局長より東京鉄道局長宛通達した。
一、震災前に受託の震災地行貨物にして今尚途中に抑留中のものは所定の震災地行貨物取扱方を発荷主に於て承認したものに限り発送し然らざるものは発荷主に引渡方を運輸局長より電達した。
一、震災地に提供せる自動車その他の運搬具にして本月中に返送のため託送するものは左の各号に依り取扱ふべき旨運輸局長より東京、名古屋、神戸、仙台各鉄道局長並に米原駐在員宛電報した。

一、荷送人及び荷受人行政庁公共団体
二、着駅東京府千葉茨城群馬埼玉神奈川栃木県下所在駅を除く各駅
三、運賃無賃
四、積卸一切荷主負担

（四）運　転

東北本線

一、上野日暮里間本日開通に付列車の大宮駅打切りを廃止し旅客列車は上野駅迄直通運転することとなった。但し上野駅は設備の都合により降車客に限り取扱ふ。大宮駅以南に於ける列車回数は左の通りである。

上野大宮間旅客列車二十六往復
田端大宮間貨物列車十四往復

大宮以南山手線直通貨物列車十四往復

一、大宮駅以北に於ては大宮小山間一往復の旅客列車を休止し尚従来の日光直通旅客列車は一往復を除く外併結を中止し宇都宮駅打切りとしたその他は平常の通り運転。

常磐線

一、旅客列車は総て上野駅迄直通運転することとなった但し上野駅は設備の都合により乗降客に限り取扱ふ。

一、成田線直通列車は上野我孫子間五往復を休止し総て我孫子駅打切りとしたその他は平素の通り。

中央線

一、八王子與瀬間は上り十回下り十一回、與瀬上野原間仮乗降場以西は上り七回下り十一回の旅客列車を運転することとなった。

一、貨物列車は新宿八王子間不定期一往復、新宿立川間一往復を運転。

一、その他前日の通り。

(五) 工務

一、東京及び川崎付近建物復旧応援の秋田保線事務所木工手五名帰還。

一、鉄道第二聯隊第一大隊は長津田駅以東東神奈川駅迄の路盤補修作業を完了し原町田長津田間の試運転を終了した。

一、大井工場技工は東京駅及び飯田町駅エレベーター修理に着手。

一、左記の区間は本日応急復旧工事を完了した。
東北線　上野鶯谷間
〃　鶯谷日暮里間汽車線
〃　上野秋葉原間

㈥　電　気

一、東京大船電信線が午後四時五十分恢復した。
一、午後六時十五分東京新宿中継八番線を甲府に延長、甲府名古屋中継線と接続して中間に甲府交換機を収容（但十月二十八日午後六時甲府にて分割）した。
一、上野駅の運用を完からしむるため同駅に電信電話交換設備をなし下記回線を構成した。
上野田端電信線
上野秋葉原電信線
五十回線用交換機二台
上野高崎中継線
上野大宮中継線
上野宇都宮中継線
上野小山中継線
上野水戸中継線

上野我孫子中継線
上野亀戸中継線
田端中継自一至十番線
外に加入者線二十二回線

一、電報の発送制限中旅客概算日報の報告電報に限り解除し続いて東京通信所を接続してある回線に於ても通常報を除きその他のものはこれを解禁した。

一、本日より田端、大宮間汽車専用自働信号機の使用を開始した。

一、上野日暮里間の閉塞機は本日列車の運転開始と同時に復旧した。

（七）工　作

一、海神奈川駅構内車輌取片付応援のため大宮工場瓦斯工二名出発。

一、海神奈川駅構内車輌取片付応援の大宮工場技工十名帰還。

一、大宮工場隅田川派出所技工十九名は脱線貨車取片付のため常磐線松戸付近に出動。

一、東海道方面の脱線貨車取片付及び庁舎官舎の応急工事応援の鷹取工場工作隊五十名帰還。

（八）雑　件

一、開催期にあった現業委員会第七回通常会議は九月二十日達第六一一号により休止のことに現業調査課長より関係局長に依命通牒した。

一、罹災職員の家族にして郷里その他に避難するもの及び避難地より帰宅するものに対しては回数及び勤続年数に関する規定の制限に係らず家族パス（特別の事情あるものの外片道とし区間を明記し期間は七日間）を交付することとした（官文第一三九五号）。

一、大震災に因る罹災職員に対する義捐金募集の件につき保健、文書、人事の三課長連名にて本省部内各局課所場院長、各鉄道局長及び建設、改良、電気事務所長宛依頼した。

九月二十三日（日）　曇天　北強　六十四度（一七・八度）　地震四回

一、勅令第四二二号を以て震災救護恩賜金及び寄付金の取扱等に関する命令公布。

（一）応急措置

一、上野駅が開通したので本省に於ては自動車の定期便を左の通り増加した。

上野駅へ　一日二回　貨物車一輌

（二）運　輸

一、本日より一部営業を開始したもの左の通りである。

東北線　上野

但し旅客、手荷物、旅客自用自転車（手荷物の配達を取扱はず）

総武線　富浦

那古船形

安房北條（旅客、手荷物、小荷物、旅客付随小荷物及貨物

但し富浦九重間各停車場相互発着のものに限る）

九重

（三）運　転

北條線

一、富浦九重間は本日開通に付混合列車二往復を運転した。

山手線

一、上野鶯谷間に本日より電車の運転を開始した。

東北線及び常磐線

一、本日より上野駅にて乗車客の取扱をなすこととなったのでこれにて東北線常磐線は全通した。

尚運転休止中の急行旅客第八〇一列車は本日より復活した。

（四）工　務

一、鉄道第一聯隊による田浦横須賀間の復旧作業は本日終了。

一、鉄道第二聯隊により原町田小机間の試運転を終了。

一、鉄道第二聯隊による東神奈川付近跨線線路橋の復旧工事完了。

一、左記の区間は本日応急復旧工事を完了。

中央線　　東京御茶ノ水間

北條線　　富浦九重間

（五）電　気

一、鉄道第一聯隊通信班約三十名は横浜程ヶ谷、大船及び横須賀線の通信線を復旧して本日帰還。

一、本日電信線の復旧したものは左の通りである。

午前九時五分東京金沢電信二番線（東京、田端、長野、金沢）
午前九時四十分東京宇都宮電信一番線
午前十一時三十分東京仙台（分室）電信二番線
午後四時五十分東京上野電信三番線
午後一時五十分東京青森電信二番線
午後六時三十分東京八王子電信二番線

一、電話線の復旧は左の通りである。
午前零時東京千葉二番線（但十月二十日午後八時廃止）
午後五時十五分東京田端八番線
午前零時上野自一至五番線

一、錦糸町交換は本日より事務を開始した。

（六）工　作

一、海神奈川駅構内車輛取片付応援の大宮工場技工残り全部帰還。
一、大宮工場技工二十七名は海神奈川駅に於ける焼損車輛取片付応援のため出発。
一、錦糸町工場技工七十名は両国橋駅構内焼損車輛の整理並に給水槽修理に着手。

（七）経　理

一、俸給給料手当その他の諸給与に関し特別の扱をなすべき災害地域を決定し経理局長より関係局課所長に依命通牒した。

（八）病　院

一、馬入川西岸に九月十八日設置の救護班は本日これを廃止した。

九月二十四日（月）　雨天　北　六十一度（一六・一度）　地震三回

（一）臨時震災救護事務

一、食糧部諸材料部を併合して物資部とし情報部を総務部に併せ又飲料水部を衛生医療部に併合した。

（二）運　輸

一、本日より旅客のみの取扱を開始したもの左の通りである。

中央線　神田　萬世橋

一、左記の停車場は一般運輸営業を開始した。

総武線　久留里線各停車場

但し貸切扱及び一車積特種扱貨物は同線各停車場相互発着のものに限る。

（三）運　転

東海道線

一、高島東横浜間は本日試運転を施行し結果良好であった。

中央線

一、東京萬世橋間は本日開通に付旅客列車三十往復を運転することとなった。

久留里線

一、木更津久留里間は本日開通に付混合列車四往復を運転した。

（四）工　務

一、横浜線原町田小机間道床修理工事の為め新宿保線区員五十名出発。

一、左記の区間は本日応急復旧工事を完了した。

東海道線　大磯下曾我間複線

〃　入江高島間複線

〃　高島東横浜間複線

北条線　木更津久留里間

（五）電　気

一、本日より左記区間に閉塞器を装置した。

東京萬世橋間　双信閉塞器（汽車運転に付）

平塚国府津間　同

横須賀線　同

横浜線　タブレット式閉塞器

一、本日の復旧電信線は左の通りである。

東京横須賀電信線（鎌倉迄開通の所横須賀迄全通）

貨車にすし詰めで故郷に帰る人々（毎日新聞社提供）

八王子電信二番線

一、暴風雨のため景福丸及び高麗丸の所在が不明となったが大井町無線電信所に於て無線電話により捜査の結果両船が無事清水港へ入港避難の事実を知得した。

一、本日より萬世橋、御茶ノ水、水道橋の各駅に電灯用電力を送電した。

（六）工　作

一、大宮駅掃除応援の大宮工場工手十名は本日引揚げた。

一、秋葉原駅に於ける焼損車輌取片付応援の大宮工場技工三十一名の中十九名帰還。

一、横浜及び海神奈川駅に於ける焼損車輌取片付応援の大宮工場技工四十二名帰還。

一、門司鉄道局応援隊中検車手の一隊は松田国府津間に於ける被害貨車の復旧作業を了し本日帰還。

一、錦糸町工場は千葉に於ける近衛師団鉄道第一聯隊材料廠及び兵器支廠所在工場の一部を借り受け客貨車修繕作業を開始したき旨同聯隊長及び陸軍大臣副官と打合せ了解を得た。依て鉄道大臣より陸軍大臣に依頼し即日差支無き旨の通知を受けた。

一、東海道線松田下曽我間で脱線した貨物第六〇二列車は本日午後八時四十分国府津に収容した。

（七）経　理

一、本日より東海道線の収入金を本局に引継方開始した。

（八）雑　件

一、海軍省が軍艦によってなした避難民の輸送は本日を以て全部停止し、又郵船及び商船会社の無賃輸送も本日より有賃となった。

九月二十五日（火）　雨後快晴　北西　七十三度（二二・八度）　地震三回

（一）運　輸

一、罹災者に対する衣類防寒具は急送を要するので救恤品と否とに拘らず他の貨物に優先取扱をなすやう運輸局長から各鉄道局長宛通牒した。

（二）運　転

東海道本線

一、昨二十四日夜来の暴風雨のため茅ヶ崎平塚間馬入川仮橋再流失のため本日は鳥井戸川馬入東岸間約十四丁徒歩し馬入川は渡船連絡に依り開通した。

総　武　線

一、昨二十四日の暴風雨にて日向成東間、成田酒々井間不通のため各列車は日向及び成東より、又両国橋成田間直通列車は酒々井で折返し運転をなした。

（三）工　務

一、福島保線事務所線路工手五十名は横浜方面線路補修工事を応援。

一、仙台保線事務所線路工手五十名は横浜方面線路補修工事を応援。

一、横浜線を応援した新宿保線区先発隊の残留員は本日帰還。

一、北條線江見に於ける橋桁鋲綴工事従事中の錦糸町工場技工二十名帰還。

（四）電　気

一、水戸通信区員二十一名国府津山北間通信線路復旧応援のため出発。

一、宇都宮通信区員二十二名国府津山北間の通信線路復旧応援のため出発

一、仙台鉄道局通信掛員二名、山形通信区員十二名、秋田通信区員十六名、新津通信区員十七名は国府津沼津方面応援のため出発。

一、本省の一部を鉄道協会内に移し執務することとなったので同所に五十回線用交換機一台を設置し東京との間に中継線一回線を構成した。

一、午後四時三十分東京上野電信二番線が恢復した。

（五）工　作

一、小倉工場技工の一隊は松田国府津間に於ける被害貨車の復旧工事を完了し帰還。

（六）病　院

一、本日より左記の箇所に救護班を設置した。

酒匂川仮乗降場　　名古屋鉄道局医員以下三名

竹ノ下　　名古屋鉄道局医員以下二名

一、左記救護班は本日これを廃止した。

品川駅　神戸鉄道局救護班
新宿駅　門司鉄道局救護班
渋谷駅　門司鉄道局救護班
芝浦岸壁　東京鉄道病院救護班

一、九月二日亀戸駅に設置した両国及び上野治療所救護班中上野治療所員のみは本日限り引揚げた。

九月二十六日（水）　快晴時々曇　北西後南東　七十一度（二一・七度）　地震十回

（一）臨時震災救護事務

一、亀戸出張所の事務を救護協会に引継いだ。

（二）運　輸

一、震災地の行政庁又は公共団体に送付する木材にして積出港所在駅迄鉄道により運送するものは、当分の中行政庁又は公共団体を荷送人とし、貸切扱に依り託送する場合に限り普通運賃の五割を低減する旨公布せられた（鉄道省告示第一八八号）。

（三）運　転

総武線

一、廿四日水害のため不通となった成田酒々井間は本日正午開通し従前の通り運転することとなった。

（四）工　務

一、上野駅付近線路補修工事応援の山形保線事務所線路工手四十名帰還。

一、宇都宮保線事務所第一班及び第二班の残留者二十名は横浜程ヶ谷間、赤羽川口町間、二ノ宮国府津間の応急工事を完了し帰還。

一、左記の区間は本日復旧工事を完了した。

東海道線　東横浜横浜港間

（五）電　気

一、水戸運輸事務所電力工手五名は電灯電力線路復旧工事応援のため出発。

一、午後二時東京静岡電信二番線（東京、国府津、沼津、静岡）が復旧した。

一、午後四時東京上野電信五番が恢復した。

一、午後五時東京高崎電話中継線が恢復した。

（六）工　作

一、脱線貨車取片付のため松戸付近に出動中の大宮工場隅田川派出所技工十六名帰還。

（七）病　院

一、仙台鉄道局の田端駅救護班は本日帰還し上野治療所員これに代ることとなった。

一、九月八日大船駅に設置の名古屋鉄道局救護班は本日これを廃止した。

九月二十七日（木）　曇天　北後東北東　七十二度（二二・二度）　地震五回

（一）臨時震災救護事務

一、田端出張所、隅田川支所及び神奈川県支部の事務を救護協議会に引継ぐこととなった。

（二）運　輸

一、本日より旅客のみの取扱を開始したもの次の通りである。

東海道線　有楽町　新橋　浜松町

一、左記停車場は新聞紙の取扱を開始した。

東海道線　東京
〃　田町東神奈川間各停車場
〃　原町田相原間各停車場
〃　横浜駿河間各停車場
〃　大船田浦間各停車場
中央線　飯田町與瀬間（除代々木）各停車場
東北線　上野王子間各停車場
〃　山手線各停車場
〃　日暮里北千住間各停車場
総武線　錦糸町　亀戸

一、左記停車場は一般運輸営業を開始した。但旅客、手荷物、旅客付随小荷物は富浦江見間相互発着。貨物は富浦九重間並千倉江見間相互発着のものに限る。

総　武　線　　富浦江見間各停車場

一、中央線徒歩連絡区間は本日より手荷物の取扱を開始した。

(三) 運　転

北　條　線

一、千倉江見間は本日開通に付九重千倉間第一瀬戸川の前後に仮乗降場を設けて徒歩連絡を開始した。

(四) 工　務

一、錦糸町工場技工十八名は北條線小磯川橋台補強工事応援の為出発、

一、左記の区間は本日応急復旧工事を完了した。

横　浜　線　　東神奈川中山間

北　條　線　　千倉江見間

(五) 電　気

一、仙台鉄道局応援隊の一行は本日午後二時駿河駅着同構内に舎営し明日より駿河御殿場間の応急

工事に従事する予定。
一、列車運行も不完全乍ら幹線の全通に付御召列車運転上の警備回線を指定した。
一、那古船形千倉へ電信機上に依る通信の途を開いた。
一、赤羽発電所「ランウェーガーター」修理のため出動した大宮工場技工二名帰還。

（六）工　作
一、大宮工場技工十五名は上野駅に於ける災害車輌取片付応援のため出発。
一、東海道線山北谷峨間で脱線した貨物第四二三列車は名古屋鉄道局応援隊の手により本日取片付完了。
一、大宮工場隅田川派出所は本日より貨車の修繕作業を開始した。

（七）経　理
一、非第二号依命内牒臨時手当支給の件は九月三十日限りこれを廃止する旨経理局長より依命内牒した。

（八）病　院
一、九月十三日米原駅に設置の名古屋鉄道局救護班は本日これを廃止した。

九月二十八日（金）　曇天後晴午前微雨　南後北強　六十九度（二〇・五度）　地震一回

（一）臨時震災救護事務

一、本日を以て全配給部は嘱託団協議会に引継を了した。爾後各残務を整理し十月七日迄にこれを終る予定である。

一、新宿出張所の事務は本日これを救護協議会に引継いだ。

（二）運　輸

一、関東地方在住罹災鮮人の帰鮮するものに対しては左の各項に依り本日より無賃輸送の取扱をなす旨公布せられた（達第六二六号）。

左　　記

一、無賃輸送期間　九月二十八日ヨリ十月十五日迄

一、同　区　間　関東地方罹災地又ハ避難地ヨリ釜山行

一、乗車船証明書　朝鮮総督府発行ニ係ル証明書ヲ以テ乗車船セシメ釜山ニ於テ下船ノ際コレヲ収受ス。

一、途　中　下　車　官憲ニ於テ保護ヲ加フル必要上下車セシムル場合ヲ除ク外ハ途中下車ヲ認メス若シ下車シタルトキハ該下車駅ニ於テ証明書ヲ収受ス。

一、本日より小荷物の取扱を左の通り開始した。

東海道線

東京品川発。
大井町茅ヶ崎間（横浜を除く）及び横浜清水港間航路経由江尻以西各停車場着。
大井町茅ヶ崎間（横浜を除く）各停車場発。
大井町茅ヶ崎間、横浜清水港間航路経由江尻以西東北本線赤羽以北
常磐線亀有以東各停車場着。
平塚山北間各停車場発。
平塚山北間各停車場着。
原町田相原間各停車場発。
原町田相原間、中央線大久保與瀬間（八王子経由）各停車場着。
東北線
山手線各停車場発。
大井町茅ヶ崎間（横浜を除く）東北本線赤羽以北、常磐線亀有以東各停車場着。
日暮里王子間及三河島北千住間各停車場発。
東北本線赤羽以北、常磐線亀有以東各停車場着。
総武線
錦糸町亀戸発。
平井以東各停車場着。

一、当分の内横浜着生絲は左の各号を承諾したものに限りその運送を取扱ふこととした。

一、発着駅

甲、中央線（與瀬以東）、東北線、奥羽線、磐越線、陸羽線、総武線各駅発東横浜又は横浜港着。

乙、前記以外の各駅発横浜港着（清水港横浜港間省臨時航路経由）。

二、運送便の種類及び扱種別

普通便貸切扱。

三、運　賃

第一号甲の区間に発着するもの、所定。

第一号乙の区間に発着するもの、発駅清水港間運賃に清水港横浜間運賃（清水港における中継費を含む）一噸に付金十二円十銭を加ふ。

四、引渡方法

清水港、横浜港間臨時航路に依るものは汽船舷門に於て引渡をなす。

五、その他の取扱条件

甲、貨物の保管及び損害に付ては鉄道その責に任せず、発駅に於てはその旨の免責特約を為すべし。

乙、取扱方

（イ）荷受人が到着の日の翌日中に引渡の請求に応ぜざるときは荷送人の費用を以てこれを発駅に返還することあるものとす。この場合運賃は往復共前号を適用せず。

（ロ）返還以外の処分の請求に応ぜず。
（ハ）貨物引換証を発行せず。
（ニ）代金引換の取扱をなさず。
（ホ）取卸及び到着通知は着駅に於て口頭又は掲示を以てこれをなす。
（ヘ）貨車留置料、貨車保管料、貨物留置料は普通料金の三倍とす。
（ト）引渡したる貨物の引取りを為さざるときは荷主の費用を以て作業の妨とならざる箇所にこれを移動することあるものとす。この場合移動に基く貨物の損害に付ては鉄道その責に任ぜず。
（チ）貨物の引渡は行政庁、公共団体及び従来判取簿に依る引渡を承認したるものに対しては判取簿、その他に対しては貨物通知書甲片又は資力信用十分なる者を保証人とする保証状に依る。
（リ）その他は一般規定に依る。

（三）運　転

一、当分の内貨物列車に客車を連結して混合列車の取扱をなす場合連結車数は貨物列車の牽引定数に依り、又客車は便宜の位置に組成することを得る旨公布せられた（達第六二四号）。

横浜線

一、東神奈川原町田間は本日開通に付横浜線はこれにて全通し旅客列車六往復と貨物列車一往復とを運転することとなった。

東海道線

一、鳥井戸川仮乗降場を廃止して馬入川東岸に仮乗降場を設けここから馬入川西岸迄徒歩連絡を開始した。

一、連絡船の東部発着地点を本日横浜港に変更のため東京横浜間に一往復の旅客列車を運転することとなった。

(四) 船舶

一、本日より芝浦清水港間運航の連絡船を横浜清水港(江尻)間運航に変更し左記各号に依り旅客手荷物の取扱をなすこととなった(罹災民にして証明書を有するものは前同様無賃の取扱をなす)。

左記

一、取扱区間　東京、品川、横浜駅ヨリ江尻以西各駅行。
静岡、江尻駅ヨリ横浜、品川、東京駅行。

一、運賃料金　連絡船ニヨル横浜、清水港間運賃ハ横浜江尻間鉄道運賃ニ依ル。船車連絡ノ場合ニ於ケル運賃ハ当該区間ノ鉄道運賃ニ依ル。
船車連絡ノ場合ニ於ケル旅客運賃ハ全区間ヲ通シテ汽船ノ等級ニ依ル。
汽船ノ二等寝台料金ハ一個一円トス。

一、乗船券、乗車船券　当該区間ノ鉄道乗車券ヲ用ヒ裏面ニ「横浜清水港間船内食費自弁」ト記入又ハ捺印スヘシ。

（五）工　務

一、仙台鉄道局に於ては東京鉄道局工務課長の依頼により建築工手十名、本局より八名、福島保線事務所より二名第八〇二列車で出発せしめた。

一、左記の区間は本日応急復旧工事を完了した。

横浜線　中山原町田間

（六）電　気

一、本日より横浜港による海陸連絡輸送開始につき横浜港埠頭に交換電話を設置した。

一、本日復旧の回線は次の通りである。

東京平塚電信線（午後十時四十分在来の東京真鶴線を活用十月十四日小田原駅迄延長）。

東京小田原電信線（午後五時四十分恢復）。

東京大宮中継線（午後三時二十五分恢復）。

九月二十九日（土）　晴夜間雨　東北東　六十五度（一八・三度）　地震四回

（一）臨時震災救護事務

一、横浜支部を廃して出張所となした。

（二）応急措置

一、各鉄道局長及び建設、改良、電気事務所長に対する臨時委任事項中賠償及び訴訟事務に関する件につき文書課長より通牒を発した（官文第一四〇三号）。

（三）運　転

東北線

一、皇后陛下震災地御視察のため還啓あらせらるるに付日光上野間に御召列車を運転した。

（四）工　務

一、東京品川間線路補修工事応援の仙台保線事務所線路工手五十名帰還。

一、本日より北條線南無谷隧道の応急修理に着手した。

一、名古屋、神戸、門司、各鉄道局の応援隊は本日にて担当区域の線路補修工事を打切り国府津保線区に引継いで漸次帰還することとした。

（五）電　気

一、午後七時東京名古屋電信線（東京、省内、八王子、甲府、名古屋）が復旧した。

一、午前十一時三十分東京新宿中継線二回線が恢復した。

一、午後一時五十分東京大船中継一番線が恢復した。

一、鉄道協会内臨設の電話交換機に更に東京との間に一回線を増設した。

（六）工　作

一、大宮工場隅田川派出所技工十一名は脱線貨車取片付のため常磐線柏駅付近に出動。

（七）雑　件

一、東京鉄道局教習所普通部生徒三百九十名はこれを他の五局教習所に分遣委託することとし、それぞれ交渉を遂げたので右生徒は本日各局教習所に出頭せしむる様命じた。

九月三十日（日）　曇天　北　六十六度（一八・九度）　地震二回

（一）臨時震災救護事務

一、各地方長官に対し義捐品は被服寝具類にして既に発送の準備整ひたるものを除き、一応その品目数量を当局に報告した上何分の指示あるまでその発送方を見合せられたき旨通牒した。

（二）運　輸

一、帰国又は避難のため証明書を所持する罹災民を無賃にて輸送の件は本日限りこれを廃止した（運輸局長発各鉄道局長宛電達運第九七一号）。

一、罹災民救護事務のため召集した在郷軍人の官用扱及び地方青年団を帰路無賃扱となすの件は本日限り廃止した（運輸局長発各鉄道局長宛電達運第九七一号）。

一、左記の場合は定期乗車券の通用期間延長を拡張する旨運輸局長より東京鉄道局長宛通牒した。

イ、学校商店又は工場等焼失ノタメ災害前ニ購求シタル定期乗車券ノ乗車区間ヲ一時変更シ三箇月以内ニ原乗車券ノ区間ヲ乗車スルモノナルトキ。

ロ、原乗車券ニ対スル未使用期間カ四ヶ月以上ナルトキ。

ハ、一時変更スル区間カ原定期乗車券面ノ区間内ニシテ且短距離ナルトキ。

（三）工　務

一、酒匂川橋梁工事応援の大宮工場技工二名帰還。

一、宇都宮保線事務所線路工手百四十五名は上総湊岩井間及び富浦江見間復旧工事に従事中の処工事未完成の儘両国保線事務所にこれを引継いで帰還。
一、左記の区間は本日応急復旧工事を完了した。
横須賀線　田浦横須賀間

（四）電　気
一、本省が東京駅前仮庁舎に移転に付運輸局通信を東京通信所に設置した。
一、一般業務も大体に於て整理されるやうになったので本日電信電話に対する総ての制限を解除した。
一、品川駅に仮移転中の新橋各事務所はそれぞれ明日仮庁舎に移転に付新橋運輸事務所内に東京通信所分室を設置し、電信線二回線を新設すると同時に関係加入電話も全部東京通信所交換機に収容の上電話番号表を改訂し関係者へ配布した。
一、午後七時三十分東京大阪電信線が復旧した。
一、午後零時二十五分東京岡山電信線が復旧した。
一、午後四時二十分東京山北電信一番線が復旧した。
一、午後三時四十四分東京湊町電信線が復旧した。

（五）経　理

一、十月分俸給、給料、手当前払の件に付経理局長より関係局所長に依命通牒した。

（六）病　院

一、左記救護班は本日限りこれを廃止した。

田端駅　上野治療所救護班
横浜駅　横浜治療所救護班
名古屋駅　名古屋鉄道局救護班
亀戸駅　両国治療所救護班

十月一日（月）　曇天朝間微雨　北々東　六十八度（二〇・〇度）　地震二回

（一）臨時震災救護事務

一、毎日開催して来た交通部会は本日より隔日のことに変更した。

（二）応急措置

一、新橋保線事務所は品川駅ホーム上家下の仮詰所から旧汐留官舎敷地内の庁舎に移転した。

（三）運　輸

一、本日より職業紹介所の紹介に依り就職する者が旅行する場合に於ては一定の割引証を収受し三等旅客運賃の五割を低減することゝなった。但しその給料月額百円を超ゆる者、季節に応じて常例的に移動する労務者、三箇月未満にて移動する短期の雇用者及び小児はこの限に非ざる旨告示された（告示第百八十二号）。

（四）運　転

東海道本線及び中央線

一、東京蒲田間は本日より電車の運転を開始し午前五時三十分から午後九時三十分迄十二分間隔とした。尚これにより蒲田萬世橋間旅客列車の運転を東京萬世橋間とし大約午前五時半から午後九時半迄二十五分間隔とした。

横須賀線

一、田浦横須賀間は本日開通。これにて横須賀線が全通したので田浦駅迄の列車を横須賀駅迄延長運転すること、なった。

(五) 工　務

一、横浜臨港線線路補修工事応援の秋田保線事務所線路工手五十名帰還。

一、東京第二改良事務所工手は大船横須賀間応急工事応援の処本日完了。

一、北條線応急工事担当中の鉄道第一聯隊は本日更に五十五名の増援を受く。

一、錦糸町工場技工二十二名は北條線南無谷隧道復旧用軌条曲げ工事応援の為出発。

(六) 電　気

一、大井町変電所は本日より東京蒲田間の電車線に送電を開始した。

一、品川横浜間汽車専用自働信号機の使用を開始した。

一、午後零時三十分東京岡山電信線(東京、大阪、岡山)が復旧した。

一、午前七時東京大阪電信線(東京、京都、大阪荷役所、大阪)が復旧した。

(七) 工　作

一、大宮工場技工二名は根府川駅にて墜落した車輛の破壊作業を応援の為め出発。

一、錦糸町工場は千葉に於ける仮作業場を廃止し本日より従前の場所で作業を開始すること丶なった。

（八）雑件

一、東京鉄道局教習所専修部生徒は大崎校舎に収容し本日より授業を開始した。

一、同教習所普通部生徒は五鉄道局教習所に分割養成を委託した。

一、九月一日以来職員に対する炊出供給は九月末日限りこれを廃止し本日よりは唯直接現場に於て復旧工事に従事する現業員のみに対し存続すること丶した。

十月二日（火）　曇天午後微雨　北　六十八度（二〇・〇度）　地震九回

（一）臨時震災救護事務

一、運輸交通部より運輸局旅客課長宛に入京者の制限を解除した旨通知した。

（二）運　輸

一、定期回数乗車券に対する運賃払戻並に通用期間延長の特別取扱方に関しては尚左記の通りに取扱ふべき旨運輸局長より東京鉄道局長宛通牒せられた。

記

イ、通用三ヶ月以上ノ定期券所持者カ使用一ヶ月未満ニシテ払戻ノ請求ヲナスモノニ対シテハ使用期間中毎日普通賃ニヨリ一往復シタルモノトシテ計算シタル運賃ト一ヶ月定期券運賃トヲ比較シソノ低廉ナルモノヲ原定期券運賃ヨリ控除シタル残額ヲ払戻額トスルコト

ロ、定期券ヲ焼失シ又ハ紛失シタルモノヨリ残余期間ニ対スル運賃払戻ノ請求ヲ受ケタル場合ハ事情充分詮議ノ上再交付ノ手続ヲ省略ノ上現ニ支払ヒタル運賃ヨリ使用済期間ニ対スル運賃ヲ控除シタル残額ノ払戻ヲナスコト

ハ、旅客カ所持ノ定期券ヲ焼失又ハ紛失シ且発着駅ニ於ケル相当原簿モ焼失シタルモノニシテ運賃ノ払戻又ハ再交付ノ請求ヲ為スモノニ対シテハ定期券ヲ購入シタルコトヲ認メ得ヘキ相当証拠例ヘハ会社又ハ本人ノ出納簿ニシテ信用スルニ足ルト認メタル場合ニ限リ

ソノ請求ニ応スルコトヲ得

一、九月二十七日新聞紙取扱開始停車場に対し更に雑誌及び新聞紙原稿の取扱を開始した。

一、左記停車場は小荷物の取扱を開始した。

東海道線　田町駅

一、左記停車場は旅客手荷物旅客自用自転車、新聞紙、雑誌、新聞紙原稿及び貨物の発着並に発送小荷物の取扱を開始した。但し手小荷物及び貨物の配達を取扱はず。

横浜線各駅

一、左記停車場は一般運輸営業を開始した。

東海道線　駿河駅

一、鎌倉逗子停車場に於ては左記停車場に到着する小荷物の取扱を開始した。

大井町茅ヶ崎間（横浜を除く）横浜清水港間航路経由江尻以西、東北本線赤羽以北、常磐線亀有以東各停車場

一、左記停車場は貨物の運輸営業を開始し当分の中四輪貨車一車に積載せる木材の取扱をなすことゝした。

東北本線　秋葉原駅　但し配達をなさず。

一、左記停車場は到着小口扱貨物の取扱を開始した。但し配達の取扱をなさず。

東海道線　品川

東北線　田端、王子、三河島、北千住、大崎、恵比寿、渋谷、新宿、目白、池袋、大塚、

巣鴨、板橋、隅田川

総武線　亀戸

一、当分の中東横浜駅に於ては左の各号に依り旅客の取扱を為すこと、した。但し手荷物の取扱をなさず。

左　記

(イ)取扱区間　東横浜駅と東京、品川、大森駅との相互間

(ロ)運　賃　東京、品川、大森駅と横浜駅との間の運賃に依る

(ハ)乗車券　東京、品川、大森駅と横浜駅との間のものを使用す

一、災害地各停車場に於て小荷物及び貨物の取扱をなす場合には左記条件を承諾したものに限り取扱ふべき旨告示された(告示第二〇四号)。

左　記

一、災害地域停車場の範囲

東海道線　東京御殿場間及び同区間より分岐する貨物支線、横浜線、横須賀線、熱海線

中央線　飯田町與瀬間

東北線　秋葉原王子間、山手線、三河島北千住間、隅田川

総武線　両国橋亀戸間、木更津江見間、久留里線

二、条　件

（イ）積卸の際に於ける雨漏並に延長に帰因する荷物の損害は荷主の負担とす
（ロ）返還以外の処分の請求に応ぜず
（ハ）貨物引換証付貨物の取扱をなさず
（ニ）代金引換の取扱をなさず
（ホ）運賃着払の取扱をなさず
（ヘ）取卸及び到着通知は着駅に於て口頭又は掲示を以てこれをなす
（ト）貨物保管料、貨物留置料、貨車留置料は国有鉄道貨物運賃及び料金規則第二十三条乃至第二十六条の料金の三倍とす
（チ）引渡したる貨物の引取をなさゞるときは貨主の費用を以て作業の妨とならざる箇所にこれを移転することあるべしこの場合移転に基く貨物の損害に付ては鉄道その責に任ぜず
（リ）貨物の引渡は行政庁、公共団体及び従来判取簿による引渡を承諾したる者に対しては判取簿により、その他に対しては貨物通知書甲片又は資力信用充分なる者を保証人とする保証状による

（三）運転

東海道線

一、東京横須賀間直通旅客列車七往復を運転すること、なった。

（四）工　務

一、九月十三日より着手の北條線湊川橋梁応急工事は本日竣工した。

（五）電　気

一、午後五時五十分東京長野電信線（東京、甲府、長野）が復旧した。

一、横浜に在っては初めて十二坪の仮電信室「バラック」に移転と同時に五十回線用交換機を更に増設した（中継線は全部復旧し加入者線も既に一〇〇回線以上復旧）。

（六）工　作

一、大宮工場隅田川派出所技工二名は脱線貨車取片付応援のため常磐線柏駅付近に出動。

一、同派出所技工十二名は更に常磐線柏駅付近に於ける脱線貨車解体部品運搬のため出発。

（七）経　理

一、大正十二年九月一日分以降当分の内東海道線駿河沼津間各駅に於ける収入金の引継、直収入金払戻及び俸給、給料、手当その他の諸給与の支払に関する事務は静岡運輸事務所に於てこれを処理し東京鉄道局所管の分として別途整理し置くべき旨通達せられた（達第六三一号）。

十月三日（水）　曇天微雨　北　六十七度（一九・四度）　地震二回

（一）臨時震災救護事務

一、米は全部これを農商務省食糧局に移管したが日々の救助米は必要に応じてこれを事務局に引渡すことゝし、救助準備米及びその他食糧品を貯蔵すべき集積場として芝浦、錦糸町、隅田川及び青山仮倉庫を建築した。

（二）運　輸

一、救恤米及び販売米の取扱が救護事務局から食糧局に移ること、なったのでこれが託送及び引渡方につき運輸局長より東京鉄道局長及び横浜駐在鉄道書記官にこれが通報をなした。

（三）運　転

横須賀線

一、横須賀線に扇ヶ谷仮信号場を開設して大船駅扇ヶ谷仮信号所間は複線運転を開始した。

東北線

一、皇后陛下再び日光へ行啓あらせらるに付上野日光間に御召列車を運転した。

（四）工　務

一、左記の区間は本日応急復旧工事を完了した。

東海道線　高島程ヶ谷間

総武線　両国橋錦糸町間下り線

（五）工作

一、藤沢辻堂間で脱線顛覆した貨物第四〇三列車は大井工場技工により本日取片付を完了した。

一、飯田町駅に於ては焼損車輌の取片付を完了した。

（六）病院

一、左記救護班は本日限りこれを廃止した。

高麗丸　東京鉄道局救護班

景福丸　同上

十月四日（木）　晴天　北　六十六度（一八・九度）　地震四回

（一）運　輸

一、各府県から震災地方に宛て、発送する教科書、学用品、校具、教具類及び東京、大阪より各地方に送る教科書は優先輸送を為し運賃は五割減の取扱を為す旨運輸局長より各鉄道局長宛電達した。

一、今日に至る迄の震災地各停車場営業取扱方は全部これを廃止し本日より左の通りこれを改むることゝなった。

（一）震災以前の通り運輸営業開始。但し横須賀、秋葉原及び墨田川停車場に於ては配達の取扱をなさず。

東海道線　駿河、御殿場、横須賀

中央線　大久保與瀬間各停車場

東北線　秋葉原、墨田川

総武線　富浦江見間（貨物は富浦九重間相互発着並に千倉江見間相互発着、その他は富浦江見間相互発着のものに限る）

久留里線各停車場

（二）震災以前の通り運輸営業開始。但し旅客自用自転車以外の旅客付随小荷物の取扱をなさず。

東海道線　大井町東神奈川間、程ヶ谷山北間、横浜線各停車場

中央線　四谷、信濃町
東北線　日暮里王子間、山手線、三河島北千住間各停車場
（三）旅客手荷物、新聞紙、雑誌、新聞紙原稿、旅客自用自転車及び貨物の発着並に発送小荷物の取扱開始。但し配達の取扱をなさず。
総武線　亀戸
東海道線　品川、鎌倉、逗子
（四）旅客手荷物、新聞紙、雑誌、新聞紙原稿、旅客自用自転車の発着及び発送小荷物並に貸切扱及び一車積特種扱貨物の到着取扱開始。但し配達の取扱をなさず。
中央線　飯田町
総武線　錦糸町
（五）震災以前の通り運輸営業開始。但し旅客自用自転車以外の旅客付随小荷物の取扱及び配達をなさず。
東海道線　田町
中央線　牛込、市ヶ谷、千駄ヶ谷
（六）旅客手荷物、新聞紙、雑誌、新聞紙原稿、旅客自用自転車発着並に発送小荷物の取扱開始。但し配達の取扱をなさず。
東海道線　東京
（七）旅客手荷物、新聞紙、雑誌、新聞紙原稿、旅客自用自転車及び貨物の取扱開始。但し配

達の取扱をなさず。
東海道線　田浦
（八）旅客手荷物、新聞紙、雑誌、新聞紙原稿及び旅客自用自転車の取扱開始。但し配達の取扱をなさず。
東海道線　横浜
東北線　上野、鶯谷
（九）旅客のみ取扱開始。
東海道線　有楽町、新橋、浜松町
中央線　神田、萬世橋、代々木
（十）陸上引取に係る到着貨物に限り取扱開始。
東海道線　高島
（十一）貸切扱及び一車積特種扱貨物の到着のみの取扱開始。
東海道線　汐留、東横浜
（十二）運輸営業停止。
東海道線　神奈川、桜木町、横浜港、浜川崎、熱海線各停車場
中央線　御茶ノ水、水道橋
総武線　両国橋、浜金谷岩井間各停車場、東京、横浜市内営業所

一、東海道線及び中央線徒歩連絡区間を経由する旅客及び荷物の取扱方は左の通り制限した。

（イ）東海道線徒歩区間を経由するものは旅客及び徒歩区間に対する小運送を託送者に於て負担する新聞及び閉嚢扱郵便物に限り取扱をなす。

（ロ）中央線徒歩区間を経由するものは旅客、手荷物及び徒歩区間に対する小運送を託送者に於て負担する新聞紙及び閉嚢扱郵便物に限り取扱をなす。

一、震災に付割引輸送した貨物の品名発着駅別数量は何時にても報告し得るやう貨物、配車課長より各鉄道局運輸課長宛通知した。

㈡　運　転

東海道線

一、国府津沼津間一部列車時刻を変更して沼津東京間連絡列車一回を増加し一日五回とした。

㈢　船　舶

一、横浜清水港間航路に於ける旅客手荷物取扱方の件（達第六二一号）中左の一号を加へた。

「本航路ニ於テ東海道線徒歩区間ヲ経由スル左記区間相互発着旅客ニ対スル手小荷物ノ運送ヲナスコトヲ得コノ場合ニ於ケル無賃制限超過斤量ニ対スル手荷物運賃ハ大正十二年十月告示二〇六号ノ例ニ依リ計算ス

東海道線　東京茅ヶ崎間　横浜線及山手線ト東海道線駿河以西各駅」

（四）電　気

一、信濃川電気事務所応援隊は上野萬世橋間及び浜松町大井町間等の通信線復旧に従事し本日帰還。

一、田端に建築中の交換電信室竣工につきこれに移転した。

（五）工　作

一、常磐線柏駅付近に於ける脱線貨車取片付応援の大宮工場隅田川派出所技工二十五名帰還。

一、鉄道聯隊及び大井工場技工は戸塚駅付近で脱線した旅客第七九列車の取片付を終了した。

震災前の万世橋（国立科学博物館蔵，次頁も）

十月五日（金）　曇天夜微雨　北々西　六十五度（一八・三度）　地震一回

（一）臨時震災救護事務

一、事務局ガソリン課の配給業務を打切ること丶した。

（二）運　輸

一、本日より左記停車場は旅客のみの営業を開始した。

中央線　御茶ノ水、水道橋

一、左記停車場は震災以前の通り運輸営業を開始した。

東海道線　逗子、田浦

一、左記停車場は旅客、手荷物、新聞紙、雑誌、新聞紙原稿、旅客自用自転車貸切扱及び一車積特種扱貨物の発着並に発送小荷物の取扱を開始した。

総武線　錦糸町

震災後の万世橋

（三）運　転

中央線

一、萬世橋飯田町間は本日開通に付東京萬世橋間小運転列車を飯田町迄延長し一日三十九往復の旅客列車を運転することになった。

（四）工　務

一、大船茅ヶ崎間応急工事のため派遣した東京建設事務所工手帰還。

一、北條線応急工事応援の鉄道第一聯隊は本日作業完成。

一、左記の区間は本日応急復旧工事を完了した。

東海道線　大船茅ヶ崎間複線

中　央　線　御茶ノ水水道橋間

（五）電　気

一、両国橋事務所が仮庁舎に移転につき錦糸町に仮設してあった交換機を両国橋に移転し、事務所に電話機を装置して交換作業を開始することゝなった。

一、電信回線も両国橋千葉間復旧し、両国橋駅発着鉄道電報に限り取扱を開始した。

一、本日より横浜茅ヶ崎間汽車専用自働信号機の使用を開始した。

（六）工　作

一、大井工場受持客車の中下関着列車に使用するもの、外輪削正工事は当分下関工場へ委託の事に決定した。

十月六日（土）　曇天後微雨　北　五十九度（一五・〇度）　地震一回

（一）運　輸

一、左記停車場は旅客、手荷物、新聞紙、雑誌、新聞紙原稿、旅客自用自転車、貸切扱い一車積特種扱貨物の発着並に発送、小荷物及び到着小口扱い貨物の取扱に改正した。

中　央　線　飯田町　但し配達の取扱をなさず。

一、左記停車場は発送小口扱貨物及び配達の取扱を除き震災以前の運輸営業に復帰した。

東海道線　汐留、東横浜

一、左記停車場は貸切扱及び一車積特種扱貨物の取扱を開始した。但し到着貨物は輸出すべきものに限る。

東海道線　横浜港

（二）運　転

一、大船茅ヶ崎間の複線運転を開始した。

一、東横浜横浜港間は本日開通。

（四）工　務

一、鉄道第一聯隊の房総線復旧作業部隊は作業完了し本日帰還。

（四）工　作

一、大宮工場隅田川派出所は焼跡に仮建築の工事を開始した。

（五）経　理

一、被服工場に於ける被服の製作は機械器具材料が漸く整ったから本日よりこれが作業に着手した。

（六）雑　件

一、大正十二年九月一日職務執行中震災に因り傷痍を受けこれが為に死亡し又は不具廃疾となった共済組合員は該規則に依り遺族給付及び公傷給付をそれぞれ給与すべきに付請求の手続をなすやう本日通報せられた。

十月七日（日）　午前微雨午後曇天　東北東　六十三度（一七・二度）　地震一回

（一）応急措置

一、本日を以て横浜駐在員廃止の旨運輸局長より各鉄道局長及び本省各局監房各課長宛通達した。

（二）運　輸

一、東海道線山北谷峨間開通後馬入川西岸迄延長運転する第五、一〇、一二列車は国府津以西その他の急行列車は沼津以西に対し規定の急行料金を徴収する旨運輸局長より東京、名古屋、神戸、門司各鉄道局長宛電達した（併し山北谷峨間の開通は十月十日豪雨のため馬入川の開通後になったので本電達はこれを取消した）。

（三）運　転

中央線

一、東京飯田町間の蒸気列車運転を廃止し吉祥寺、中野、飯田町間運転の電車を東京駅間で直通運転すること、なった。

（四）工　務

一、熱海線建設事務所工手は根府川付近の海中に墜落せる旅客第一〇九列車の取片付に着手した。

一、飯田町機関庫は本日より自庫で給水し得るやうになった。

一、錦糸町工場技工は北條線方面建物復旧工事応援に従事中の処完了。

一、左記の区間は本日応急復旧工事を完了した。

東海道線　　鶴見入江間単線

（五）電　気

一、永楽町変電所神田分室及び大久保変電所は本日より中央線東京御茶ノ水間の電車線に送電を開始した。

一、電灯電力線路復旧工事応援の為出動した水戸運輸事務所電力工手五名は本日帰還。

（六）工　作

一、東海道線大船駅で脱線顛覆した貨物第六〇五列車は本日取片付完了。

十月八日（月）　曇天夜微雨　北　五十九度（一五・〇度）　地震五回

（一）臨時震災救護事務

一、芝浦の陸揚は本日入港の船舶で打切り爾後郵船会社をして当らしむること、なった。

（二）運　輸

一、震災地各駅着小荷物輸送に付ては連絡船にて輸送取計方運輸局長より名古屋鉄道局長宛て電報した。

一、左記停車場は旅客、手荷物、新聞紙、雑誌、新聞紙原稿及び旅客自用自転車発着並に発送小荷物の取扱を開始した。但し配達の取扱をなさず。

総武線　　両国橋

（三）運　転

東海道線

一、鶴見海神奈川間単線開通に付横浜着発日本郵船連絡列車を東横浜着発に変更し東京横浜間二往復の旅客列車を増発した

一、高島程ヶ谷間貨物船の複線運転を開始した。

総武本線

一、両国橋錦糸町間開通に付各列車は両国橋駅発着に改めた。

(四)工　務

一、左記の区間は本日応急復旧工事を完了した。

東海道線　駿河御殿場間複線

総 武 線　両国橋錦糸町間複線

(五)病　院

一、九月二十五日竹ノ下に設置した名古屋鉄道局救護班は本日これを撤去した。

十月九日（火）　曇天夜微雨　北々西　六十三度（一七・二度）　地震三回

（一）運　輸

一、左記停車場は一般貨物の運輸営業を開始した。但し旅客自用自転車以外の旅客付随小荷物の取扱をなさず。

東北線　　三河島

（二）電　気

一、仙台鉄道局通信掛員二名、山形通信区員十二名、秋田通信区員十六名、新津通信区員十七名は国府津沼津方面の応急修理を完了し帰還。

（三）経　理

一、十月九日及び十日の両日に亘り国有財産の被害実地調査を遂げた。

（四）病　院

一、九月六日御殿場駅に設置した名古屋鉄道局救護班は本日これを撤去した。

十月十日（水）　午前曇天午後雨天　東北東　六十一度（一六・一度）　地震二回

（一）応急措置

一、本省庁舎として東京駅前井上子爵銅像背面の空地に建築中のバラックが竣工した。

（二）運　輸

一、一旦便宜の地迄避難したものが更に故郷その他へ帰行する場合運賃五割引の件は本日限りこれを廃止した。

一、震災地に到着した救護材料で救護の目的を達し発送地に返還する場合無賃輸送の件は本日限りこれを廃止した（鉄道省告示第二一三号）。

一、震災地行貨物の発送停止の件は本日限りこれを廃止した。

一、貨物の発送制限が解除せらるゝこととなったが尚輸送輻輳のため運賃低減指定貨物を優先受託し尚余力ある場合に於て順次その他の一般貨物中急を要するものを受託すべき旨通報せられた。

（三）運　転

東海道線

一、摂政宮殿下が横浜横須賀両市の震災状況御視察の為横浜行啓即日還啓あらせられた依って東京横浜間に御召列車を運転した。

一、山北谷峨間豪雨のため土砂崩壊し徒歩連絡不能となったから下り列車は山北、上り列車は駿河にて打切り折返し運転を行ふこと、なった。

(四) 工　務

一、北條線応急工事応援の水戸保線事務所線路工手十名帰還。

(五) 工　作

一、上野駅に於ける災害車輌取片付応援の大宮工場技工十五名帰還。

十月十一日（木）　晴天午後雨天　北西　六十五度（一八・三度）　地震〇

（一）応急措置

一、本省庁舎として建築中の東京駅前バラックが竣工したので鉄道協会内に一部を残し他は本日ここに移転した。

一、両国橋列車電灯所は本日千葉仮事務所より旧位置に復帰した。

（二）運　輸

一、全国から東京付近に集中する手小荷物の輸送に関しては、小口扱貨物に対する締切貨車の使用に依って極力これが速達の方法を講じたが特に最も輸送力の不足した山手線に対しては本日より品川新宿、池袋上野間に臨時荷物自動車を運行せしむることゝした。

一、震災地方着貨物に対しては左の各号に依り運賃を低減し、九月二十一日告示第一七八号による取扱方は本日より廃止せらるゝことゝなった（告示第二一〇号）。

甲、品　種

（イ）寄贈救恤品（官公衙ヲ荷送人及ビ荷受人トスルモノニ限ル）衣類及付属品中古着及綿毛製衣類、織物中綿織物及毛織物、海藻類及ソノ製品中若布《わかめ》、鹿尾菜《ひじき》、搗布《かじめ》、昆布、家具中掃除具、炊事用具、食器、瓦煉瓦中瓦、魚介蝦類中及ソノ製品中魚類、介蝦類、金属製品中炊事具、食器、葉鐵、電鍍鈑、線、釘、鎹《かすがい》、穀粉澱粉類、穀類、砂糖類中砂糖、穀物中莫蓙、畳表、蓆、畳、食塩類、食品類、書籍印刷物記録類中国定教科書、中等教科書、飼食、寝具蒲

団類中綿製蒲団、薪炭類、竹及ソノ製品中竹建具（絹織物、銀箔ヲ使用シ又ハ絵画彫刻ヲ施シタルモノヲ除ク）、卵中鶏卵、網縄類（藁製ノモノ）、陶器類中炊事具、食器、動物中豚、肉類及ソノ製品中鯨肉、乾肉、味噌醤油酢類、木材及木製品中唐木、銘木類以外ノ木材屋根板、割箸、野菜類、綿類中打綿藁類及ソノ製品中菰、莚、寸莎、級外品第三種家畜中牛豚

乙、着駅汐留御殿場間及ソノ他支線各駅

秋葉原、田端、王子、三河島、隅田川、北千住及山手線各駅、飯田町與瀬間各駅、両国橋、錦糸町、亀戸及木更津江見間並久留里線各駅

丙、運　賃

（イ）寄贈救恤品　無賃

（ロ）ソノ他　貸切扱級外品第三種ニ限リ普通運賃（最低運賃共）ノ五割減

丁、期　間　自大正十二年十月十一日至同年十一月末日

戊、取扱条件

（イ）荷受人カ到着ノ翌日中ニ引渡ノ請求ニ応シナイトキハ荷送人ノ費用ヲ以テコレヲ発駅ニ返還スルコトカアルコノ場合運賃ハ往復共前号ヲ適用シナイ

（ロ）ソノ他ハ一般規定ニヨル

一、震災地方に送付する救恤品その他を航路に依り運送する目的を以て発駅積出港所在駅間鉄道に依り運送する場合は左の各号に依り運賃を低減し本日よりこれを施行することゝなった（告示第二一三号）。

左　記

一、品種、運賃及期間　大正十二年十月告示第二一〇号に依ル
二、ソノ他ノ取扱条件　寄贈救恤品以外ノモノハ官公衙ノ証明アルモノニ限リソノ他ハ一般規定ニ依ル

備考

九月二十六日告示第一八八号ニヨル震災地ノ行政庁ハ公共団体ニ送付スル木材ニシテ積出港所在駅迄鉄道ニヨリ運送スル場合運賃低減ノ条件ハ本日ヨリコレヲ廃止シタ

一、左の停車場に於ては震災以前の通り運輸業務を開始した。

総武線　浜金谷、保田
　　　　富浦江見間各駅　但し貨物は富浦九重間相互発着並に千倉江見間相互発着、その他は富浦江見間相互発着のものに限る。
　　　　久留里線各停車場

一、左の停車場に於ては当分の内運輸営業を停止した。

総武線　安房勝山、岩井

一、仙台鉄道局は貨車及び貨車付属品集配に要する本省への規定報告を本日より復活した。

(三)　運　転

横須賀線

一、田浦横須賀間は昨夜暴風雨のため土砂崩壊し線路を支障したので列車は田浦より折返し運転を行った。

北條線

一、上総湊保田間は本日開通。

(四)工　務

一、左記の区間は本日応急復旧工事を完了した。

北條線　上総湊保田間

(五)船　舶

一、横浜清水港間汽船連絡手小荷物取扱中船舶停車場間の小運送は最初専ら東京自動車庫所属自動車をしてこれに当らしめたが連絡荷物輻輳に伴ひ到底これのみに依ることが不可能なので本日以降東高島駅に於ける海陸連絡設備を利用し到着荷物は同所に於てもこれを取扱ふこと丶した。

(六)電　気

一、仙台鉄道局通信応援隊の一行は駿河御殿場間の応急工事が大略竣成したので第二〇一列車で全部帰任した。

一、本省バラック竣成につき各局主要箇所に電話機を装置し通話を開始した。

(七) 経理

一、今回の災害に依り行衛不明となった職員の俸給、給料、その他諸給与はその生死の事実確定する迄今後支払の手続を差控へるやう経理局長より依命内牒した。

十月十二日（金）　曇天微雨後晴　北　五十九度（一五・〇度）　地震〇

（一）船　舶

一、横浜清水港間連絡船高麗丸及び景福丸の定員を左記の通改正する旨運輸局長より東京、名古屋両鉄道局長宛電達した。

高麗丸	一等	三十九人
	二等	二百十人
	三等	五百五十人
景福丸	一等	四十三人
	二等	二百五十人
	三等	八百五十人

一、横浜清水港間運行連絡船に依る旅客手荷物の取扱区間を左の如く改正した。

取扱区間　品川、横浜駅より江尻以西各駅行
　　　　　江尻以西各駅より横浜東京間各駅

（二）工　務

一、横浜方面線路補修工事応援の福島保線事務所線路工手五十名及び仙台保線事務所線路工手五十名帰還。

一、八王子方面線路補修工事応援の福島保線事務所線路工手四十名帰還。

一、横浜臨港線線路補修工事応援の秋田保線事務所線路工手五十名帰還。

(三) 雑件

一、震火災の為従事員の慰安会は本年に限りこれを施行しない旨保健課長より官房各課所長、各局長、各鉄道局長、各建設、改良、電気事務所長宛依命通牒した。

一、中央教習所高等部各科は本日より東京列車電灯所、鉄道協会東京車検所の建物の一部を利用してそれぞれ授業を開始した。

十月十三日（土）　朝間快晴後晴天　北　五十八度（一四・四度）　地震〇

（一）運　転

山手線

一、貨物列車の運転を整理して震災以前の運転状態に復活した。

（二）工　務

一、両国方面線路補修工事応援の青森保線事務所線路工手三十名帰還。

一、左記の区間は応急復旧工事を完了した。

熱海線　　国府津鴨宮間

（三）経　理

一、日給者で震災のため出勤に及ばずと指定された者に対し大正十二年十月十六日以降の指定期間中は給料の六割を支給することに決定した旨経理局長より依命通牒した。

十月十四日（日）　曇天午後微雨　北　五十九度（一五・〇度）　地震七回

（一）応急措置

一、両国橋電力区は本日千葉仮事務所より旧位置に復帰した。

（二）運　転

北條線

一、保田岩井間開通に付き岩井富浦間不通箇所（南無谷隧道）の南北に仮乗降場を設け約三十町にて徒歩連絡を開始した。

（三）工　務

一、熱海線酒匂川橋梁の応急工事は本日完了した。

一、左記の区間は本日応急復旧工事を完了した。

北條線　　保田岩井間

（四）病　院

一、九月二十五日酒匂川仮乗降場に設置の名古屋鉄道局救護班は本日これを廃止した。

十月十五日（月）　雨天　北北西　六十三度（一七・二度）　地震三回

（一）運　輸

一、九月二十七日達第六二六号帰国鮮人無賃輸送取扱の期間は本日限りの所更に十月三十一日迄延長した（達第六四二号）。

（二）運　転

東海道線

一、山北谷峨間徒歩連絡を再開した。

熱海線

一、国府津小田原間は午後より開通した。仍て同区間に旅客列車八往復を運転すること、なった。

（三）工　務

一、御殿場山北間応援の名古屋鉄道局応援隊及び静岡保線事務所応援隊は工事未完了の儘これを東京鉄道局に引継いで帰還。

一、九月十八日より着手の北條線第一瀬戸川橋梁応急工事は本日竣功した。

一、錦糸町工場技工は北條線南無谷隧道復旧工事用軌条曲げ工事従事中の処本日帰還。

一、左記の区間は本日応急復旧工事を完了した。

熱海線　　鴨宮小田原間

十月十六日（火）　晴天夜降雨雷鳴　北々西　六十四度（一七・八度）　地震〇

（一）臨時震災救護事務

一、横浜出張所は本日これを廃止した。

（二）応急措置

一、両国橋検車所は本日千葉仮事務所より旧位置に復帰した。

（三）運　転

北條線

一、九重千倉間第一瀬戸川仮橋午後四時三十分試運転済み本日より富浦江見間旅客列車七往復を運転した。

一、左記の区間は本日応急復旧工事を完了した。

北條線　九重千倉間

（四）病　院

一、九月十三日谷峨に設置の名古屋鉄道局救護班は本日これを廃止した。

十月十七日（水）　快晴　北　五十九度（一五・〇度）　地震二回

（一）応急措置

一、両国橋車掌室は本日千葉仮事務所より旧位置に復帰した。

（二）運　転

房総線

一、大網土気間は十六日午後三時十四分試運転済み。

（三）工　務

一、左記の区間は本日応急復旧工事を完了した。

房総線　　土気大網間（土気隧道）

十月十八日（木）　快晴　北々西　五十九度（一五・〇度）　地震一回

（一）運　輸

一、左記停車場は震災以前の通り運輸営業を開始した。

熱海線　鴨宮　小田原

総武線　浜金谷江見間各停車場（新聞紙、雑誌、新聞紙原稿以外の小荷物付随小荷物及び貨物は岩井以北各停車場相互発着並に富浦江見間各停車場相互発着のものに限る）

一、左記停車場は旅客、手荷物、新聞紙、雑誌、新聞紙原稿、旅客自用自転車及び貨物の発着並に発送小荷物の取扱を開始した。但し配達の取扱をなさず。

総武線　両国橋

（二）運　転

東海道線

一、東京蒲田間及び品川上野間の電車運転時刻を延長して午前五時半より午後十一時前後迄とした。

一、平塚大磯間の複線運転を開始した。

山手線

一、全国から東京付近に集中する手小荷物の速達を図るため山手線に対しては去る十一日より臨時荷物自動車を運行せしめてゐたが更に本日より品川上野間に荷物専用電車一往復を設けた。

㈢ 経　理

一、中央線與瀬上野原間を臨時手当支給に関する災害地域に追加の旨経理局長より名古屋鉄道局長に依命通牒した。

十月十九日（金）　晴天　北々西　六十一度（一六・一度）　地震二回

（一）工　務

一、北條線小磯川橋台補修工事応援の錦糸町工場技工十八名本日帰還。

（二）病　院

一、九月七日東京駅に設置の神戸鉄道局救護班は本日これを撤去した。

十月二十日（土）　晴天夜微雨　南　六十三度（一七・二度）　地震二回

（一）臨時震災救護事務

一、横浜に於ける作業は本日の入港船を以てその陸揚及び配達を打切りそれぞれ関係運送業者をしてこれに当らしむることとなった。

（二）応急措置

一、東京建設事務所は汐留官舎跡に建築中の仮庁舎竣工に付き同所に移転した。

（三）運　輸

東横浜若は横浜港着生糸の取扱方に関し左の通り改正した。

（イ）その他の取扱条件（イ）中「貨物の保管及び損害」を「貸切扱」

（ロ）（九月二十日記載）告示第一七八号左記（戊）を（十月十一日記載）告示第二一〇号左記（戊）に改正

（四）工　務

一、馬入川橋梁修理の為派遣せる東京建設事務所工手は工事竣成に付本日帰還。

（五）工　作

一、錦糸町工場は千葉鉄道聯隊材料廠及び兵器廠所在工場の一部を借り受け客貨車修繕作業を開始した。

十月二十一日（日）　曇後一時微雨　七十度（二一・一度）　地震三回

（一）運　転

東海道本線

一、東京蒲田間の電車を本日より横浜迄延長した。

一、馬入川は九月十二日より徒歩若は渡船連絡によつてゐたが愈々本日より第三酒匂川迄直通運転を開始した。

（二）工　務

一、大船駅給水装置は本日完成したので同時に仮給水を停止した。

一、左記の区間は本日応急復旧工事を完了した。

東海道線　蒲田川崎間電車線
〃　鶴見東神奈川間電車線
〃　神奈川横浜間電車線
〃　茅ヶ崎平塚間単線

（三）電　気

一、川崎変電所は本日より京浜線大森横浜間の電車線に送電を開始した。

十月二十二日（月）　曇天　東北東　六十六度（一八・九度）　地震二回

（一）運　輸

一、左記停車場は震災以前の通り運輸営業を開始した。但し旅客自用自転車以外の旅客付随小荷物の取扱をなさず。

東海道線　神奈川

一、左記停車場は旅客、手荷物、新聞紙、雑誌、新聞紙原稿、旅客自用自転車及び貨物の発着並に発送小荷物の取扱を開始した。但し配達の取扱をなさず。

中央線　飯田町

（二）運　転

一、下曽我松田間の複線運転を開始した。

（三）工　務

一、高島機関庫は本日より自庫で給水し得るやうになった。

一、左記の区間は本日応急復旧工事を完了した。

東海道線　松田山北間複線

十月二十三日（火）　晴天　南　六十五度（一八・三度）　地震四回

（一）運　転

東海道線

一、松田山北間の複線運転を開始した。

中央線

一、與瀬上野原間は午後七時復旧工事を了へたので試運転を行った。

（二）病　院

一、九月十八日馬入川西岸に設置した名古屋鉄道局救護班は本日これを廃止した。

十月二十四日（水）　曇後午前微雨　北　五十九度（一五・〇度）　地震〇

（一）運　輸

一、左記停車場は手小荷物配達の取扱を開始した。

中央線　千駄ヶ谷

一、左記停車場は発送小荷物の取扱を開始した。

東北線　上野

（二）運　転

東海道線

一、国府津下曽我間の複線運転を開始した。これで国府津山北間は全部複線運転に復帰したのである。

（三）雑　件

一、震火災罹災者に対する共済組合貯金部預金の非常払が認可せられた（達第六五一号）

十月二十五日（木）　曇天夜間微雨　北　五十六度（一三・三度）　地震一回

一、埼玉千葉両県下の戒厳令は本日解かれた。

（一）臨時震災救護事務

一、震災彙報を廃刊。

（二）応急措置

一、電気局主管臨時委任事項中の一部は本日限りこれを廃止した（鐵電発第三二号）。

（三）運　輸

一、中央線與瀬上野原間徒歩連絡区間開通に付同区間を経由する旅客貨物取扱制限の件はこれを解除した（告示第二三七号）。

一、震災後省線に現在する地方鉄道所属貨車は迅速に返送するやう運輸局長から各鉄道局長宛電報した。

（四）運　転

横須賀線

一、田浦横須賀間は本日開通した。

中央線

一、與瀬上野原間は九月七日より徒歩連絡の所本日午前五時三十八分上野原発第四〇二列車から開通した。

(五) 工　務

一、長野及び金沢保線事務所工手は中央線與瀬上野原間の応急工事を完了し帰還。

一、左記の区間は本日応急復旧工事を完了した。

中央線　　與瀬上野原間

(六) 病　院

一、九月七日與瀬駅に設置の名古屋鉄道局救護班は本日これを廃止した。

根府川付近（国立科学博物館蔵）

十月二十六日（金）　曇天微雨　北　五十七度

（一三・九度）　地震二回

（一）臨時震災救護事務

一、本日の閣議に於て一支出項目費が十万円を超えないものは臨時救護事務局に於て支出し得ることに決定した。

（二）運　輸

一、左記停車場は当分の中これを閉鎖することゝなった。

熱海線　　根府川　　真鶴

一、左記停車場は旅客、手荷物、小荷物、旅客自用自転車及び小口扱貨物の取扱を改正した。

東海道線　　下曽我

一、震災以来停止して来た団体旅客の取扱は漸く秩序恢復したので宇都宮水戸両国三運輸事務所管内に対して本日よりその制限を解除した。

（三）運　転

東海道線

一、鶴見高島間の複線運転を開始した。

（四）電　気

一、国府津山北間通信線路復旧工事応援従事中の水戸通信区員二十一名帰還。

一、国府津山北間通信線路復旧工事応援従事中の宇都宮通信区員二十二名帰還。

（五）工　作

一、両国橋構内焼損車輌の整理並に給水槽修理従事中の錦糸町工場技工七十名帰還。

十月二十七日（土）　曇後晴　北　五十九度（一五・〇度）　地震一回

（一）運　輸

一、今日迄の各停車場営業取扱方は全部これを改正し今日から罹災地域停車場は左記各号の外全部震災以前の運輸営業取扱に復帰した。

左　記

甲、一般運輸営業開始

東北線　三河島

総武線　亀戸

乙、下記制限ヲ除クノ外震災以前ノ通リ運輸営業開始

東海道線

東　京　到着小荷物中鮮魚、松茸、果物等腐敗シ易キモノヲ取扱ハス

浜松町　発送旅客付随小荷物中私有犬箱ニ容レサル犬ヲ取扱ハス

横　浜　新聞紙、雑誌、新聞紙原稿以外ノ小荷物、発送旅客付随小荷物中私有犬箱ニ容レサル犬及配達ヲ取扱ハス

下曽我　貸切扱及一車積特種扱貨物ヲ取扱ハス

横須賀　配達ヲ取扱ハス

小田原　同

汐　留　発送小口扱貨物ヲ取扱ハス

東横浜　発送小口扱貨物及配達ヲ取扱ハス
高　島　発送貨物並陸上引取ニ非サルモノ及配達ヲ取扱ハス
中央線
飯田町　到着小荷物中鮮魚、松茸、果物等腐敗シ易キモノ及発送旅客付随小荷物中
　　　　私有犬箱ニ容レサル犬ヲ取扱ハス
東北線
上　野　同
総武線
両国橋　小口扱貨物及同上
錦糸町　小口扱貨物発送旅客付随小荷物中私有犬箱ニ容レサル犬ヲ取扱ハス
丙、旅客ニ限リ取扱開始
東海道線　有楽町　新橋
中央線　神田　萬世橋　御茶ノ水　水道橋
丁、貸切扱及一車積特種扱貨物ノ取扱開始、但し到着貨物ハ輸出スヘキモノニ限ル
東海道線　横浜港
戊、当分ノ中運輸営業停止
東海道線　桜木町　浜川崎　早川
東京、横浜市内営業所

一、北條線岩井富浦間徒歩連絡区間を経由するものは旅客、手荷物、新聞紙、雑誌及び新聞紙原稿に限り取扱をなすことゝした。

一、東京付近着手小荷物の引取緩慢の為各駅共次第に多数の保管荷物を抱擁することゝなり作業困難に陥ったから本日より山手線着小荷物の受託を停止した。

（二）船　舶

一、横浜港内作業用の茂浦丸は本日その所属局へ帰航せしめた。

（三）工　務

一、国府津及び山北機関庫給水装置は本日全部復旧した。

一、左記の区間は本日応急復旧工事を完了した。

東海道線　　鶴見入江間複線

（四）電　気

一、午後四時三十分東京兵庫電信一番線（東京、省内、兵庫）が復旧した。

一、午後四時五十分東京門司電信線（東京、下関、門司）が復旧した。

（五）工　作

一、客貨車検査規定第十七條但書を適用する場合あるも同規定第十一條第一、第二、第四、第五並に第三項に相当する車輛及び主要列車編成用ボギー客車に対しては所定の検査期限を経過せしめないやう取計方を各鉄道局工作課長宛内報した。

一、経費緊縮のため車輛修繕費を左の如く削減し各鉄道局工作課長に通牒した。

東京鉄道局	七四七、〇〇〇円
名古屋鉄道局	一七〇、〇〇〇円
神戸鉄道局	一二〇、〇〇〇円
門司鉄道局	二四三、〇〇〇円
仙台鉄道局	八九、〇〇〇円
札幌鉄道局	一三一、〇〇〇円

(六) 経理

一、十一月分俸給給料手当支給日を十一月十五日に繰上の件その他を経理局長より依命通牒した。

十月二十八日（日）　曇天微雨　北々西　五十九度（一五・〇度）　地震一回

（一）運　輸

一、東海道線全通のため東横浜駅に於て旅客の取扱を廃止した（達第六五六号）。

一、東海道線、中央線全通の為の小荷物の取扱制限を解除した。

一、東海道線中央線全通のため本日より米原駐在員を廃止した。

（二）運　転

東海道線

一、山北谷峨間不通箇所午前五時四十分試運転を終了し第三二列車（旅客）から開通した。

（三）船　舶

一、東海道線全通のため本日より横浜清水港間連絡運航を廃止した。

（四）工　務

一、左記の区間は本日応急復旧工事を完了した。

東海道線　　山北谷峨間

（五）電　気

一、午後三時東京静岡電話中継線（東京交換、静岡交換）が復旧した。

一、午後六時三十分東京名古屋電話中継線（東京交換、名古屋交換）が復旧した。

（六）雑　件

一、東京鉄道局情報は九月三日以来引続き発行して来たが東海道線全通し輸送状況は略旧態に復帰したので本日からこれを廃止し同時に自動車その他に依る市内宣伝もこれを打切った。

十月二十九日（月）　晴天微雨　北　五十九度（一五・〇度）　地震三回

（一）電　気

一、午後五時三十分東京甲府電話中継線（東京交換、甲府交換）が復旧した。

一、大井町無線通信所は連絡船廃止の結果本日を以て閉鎖した。

十月三十日（火）　曇天夜微雨　南々東　六十三度（一七・二度）　地震一回

（一）応急措置

一、九月十三日より指定した本省自動車の配置方は本日限り廃止し応援の運転手は全部帰任させ大体に於て旧態に復帰すること丶なった。

（二）電　気

一、午後七時三十分東京金沢電信一番線線（東京、名古屋、敦賀、金沢）が復旧した。

十月三十一日（水）　曇天微雨　北々西　六十七度（一九・四度）　地震一回

（一）臨時震災救護事務

一、本日恩賜救恤金の分配額を決定し各罹災府県に通達した。

（二）応急措置

一、食糧供給の為め東京鉄道局が臨時に設置した各所の配給所（食糧券による白米の有料配給）は本日を以て打切りとし一切の事務を共済組合購買部に引継ぐこと丶なった。

（三）運　輸

一、貨物の優先取扱は本日限り廃止せられた。

一、九月二十七日達第六二六号鮮人帰国の場合無賃輸送の件は本日限り廃止した。

（四）船　舶

一、去る二十八日東海道線の全通に伴ひ連絡船の運行は同日横浜及び清水港相互発を以てこれを廃止したので本日高麗丸は横浜港より景福丸は清水港よりそれぞれ下関に帰航せしめ尚横浜港内作業用尾花丸、七重丸もそれぞれ所属局に帰還せしめた。

（五）工　作

一、汐留駅焼損車輌の取片付を完了した。

一、大宮及び大井工場入場修繕車の一部は一時他の工場でこれを分担してゐたが本日限り旧に復した。

一、大井工場受持客車の中下関着列車に使用するもの丶外輪削正工事は下関工場へ委託中の処本日旧に復した。

（六）経　理

一、十月二日達第六三一号駿河沼津間各駅収入金その他を静岡運輸事務所に於て処理の件は大正十二年十月三十一日限り廃止の旨通達せられた（達第六六七号）。

（七）病　院

一、九月十一日国府津駅に設置の名古屋鉄道局救護班は本日これを廃止した。

十一月一日（木）　曇天微雨　南　七十一度（二一・七度）　地震四回

（一）応急措置

一、東京自動車庫は九月五日よりこれを東京鉄道局所属として来たが本日より従前通り新橋運輸事務所の管理に移した。

一、震災勃発以来自動車逼迫のため無免許運転手、規定外速度の運転等多少手心を加へて来たが本日より取締規則励行の旨警視庁より通牒があった。

（二）運　輸

一、東京名古屋神戸門司札幌の各鉄道局は貨車及び貨車付属品集配に要する本省への規定報告を本日より復活した。

（三）工　作

一、焼跡に工事中の大宮工場隅田川派出所は仮建築が完成した。

一、錦糸町工場は事務所を千葉鉄道聯隊の一部に移転した。

（四）電　気

一、午後三時三十分東京静岡電信一番線（東京沼津静岡）が復旧した。

（五）雑　件

一、中央教習所普通部二年生は本日より南品川宿元東京鉄道局教習所及び大井工場技工作業服洗濯所に於て授業を開始した。

十一月二日（金）　曇天微雨　南　七十一度（二一・七度）　地震一回

（一）運　輸

一、左記停車場は震災以前の通り運輸営業を開始した。

東海道線　汐留、東横浜

一、左記停車場は発送小口扱貨物及び陸上引取に非さるものの取扱を除き震災以前の通り運輸営業取扱に改正した。

東海道線　高島

十一月三日（土）　快晴　北々西　六十四度（一七・八度）　地震〇

（一）雑　件

一、東京及び横浜付近に宛て全国から荷物の到着が頗る多く引取の混乱その極に達したので本日より教習所専門部駅員車掌科並に同信号操作科の課業を休止しその生徒全部及び宇都宮水戸両運輸事務所管内より各二十名合計五十名をこれ等各駅に派遣して山積してゐる荷物の整理並に引渡に従事せしめた。

十一月五日（月）　晴天　北々西　五十九度（一五・〇度）　地震四回

（一）運　転

一、皇后陛下には横浜地方罹災者慰問のため行啓即日還啓あらせられた依て東京横浜間に御召車を運転した。

（二）経　理

一、工事又は製造の既済部分に対する代金支払に付会計規定第九十三条の特例を設ける件に関し経理局長より各鉄道局長、建設、改良、電気事務所長に依命通牒した。

（三）雑　件

一、鉄道省教習所普通部一年生はこれを収容する寄宿舎並に校舎が無いので本省及び各鉄道局に委嘱して本日より現業事務を実習させることとした。

十一月六日（火）　曇天微雨　北々西　五十六度（一三・三度）　地震三回

（一）運　輸

一、左記停車場は震災以前の通り運輸営業を開始した。

東海道線　下曽我

一、左記停車場は小口扱貨物の取扱を開始した。

総武線　両国橋

（二）電　気

一、赤羽火力発電所は本日の初電車から中タービンを使用して送電を開始した。

十一月八日（木）　曇天微雨　北　五十九度（一五・〇度）　地震〇

（一）運　輸

一、到着貨物の停滞が甚しい結果多数の死蔵貨車運用上甚だ憂慮すべき状態に在るのでこれが解決を期するため本日東京鉄道局に於ては商業会議所並に鉄道公認運送中央会当事者の出席を求め左記事項に関する第一回協議会を開催した。

（イ）東京市内水陸小運送力充実に関する件
（ロ）馬車（特に自動車）の通路及び艀運航の水路に於ける障碍物の除去並に整理に関する件
（ハ）貨物の一時的集積場仮設に関する件
（ニ）物資取引関係者の住所を明確にする件
（ホ）貨物の引卸、引取及び運搬に対し夜間作業励行の件
（ヘ）貨物の取卸及び引取作業の合同施行に関する件
（ト）主要貨物駅付近に自動車置場及び厩舎仮設に関する件

十一月十日（土）　晴天後曇夜間降雨　北々西　五十二度（一一・一度）　地震一回

一、本日精神振作の大詔が煥発せられた。

（一）臨時震災救護事務

一、各地方留置保管に係る義捐品の発送方を各地方長官へ電送した。

（二）電　気

一、永楽町変電所神田分室は本日より中央線御茶ノ水牛込間の電車線に送電を開始した。

（三）工　作

一、熱海線建設事務所工手によってなされた根府川付近海中墜落旅客列車の取片付は本日を以て一時打切りとした。

十一月十一日（日）　雨後晴　北々西　五十八度（一四・四度）　地震二回

一、詔書煥発に伴ふ内閣告諭が発せられた（内閣告諭号外）。

十一月十二日（月）　曇少雨　北々西　五十五度（一二・八度）　地震一回

（一）運　輸

一、左記停車場は震災以前の通り運輸営業を開始した。

東海道線　小田原

一、左記停車場は小扱の取扱を開始した。

総武線　錦糸町

十一月十五日（木）　快晴　北西　五十度（一〇・〇度）　地震一回

一、本日を以て東京府、神奈川県の戒厳令は廃止せられた。

（一）臨時震災救護事務

一、市部焼残り区域及び近接郡部の消毒に活動した警視庁の消毒班五十六班はこれを打切った。

（二）応急措置

一、運輸局主管臨時委任事項の件は既に手続済又は手続中のものを除き本日限り廃止する旨各鉄道局長宛通達した。

（三）運　輸

一、戒厳令廃止に伴ひ軍事輸送無賃扱廃止の旨を運輸局長より東京鉄道局長宛通牒した。

一、左記停車場は震災以前の通り運輸営業を開始した。

　東海道線　　品川

一、東京付近着小荷物引取緩慢のため作業困難に陥ったから去る十月二十七日山手線着小荷物の受託を停止したが本日駅留小荷物を除きこれが制限を解除した。

一、震災地各停車場に向け発送する小荷物及び貨物は左の条件を具備したものに限り取扱ふことに改正した（告示第二六二号）。

左　記

㈣運　転

（イ）貨物引換証の発行をなさず
（ロ）代金引換の取扱をなさず
（ハ）運賃着払の取扱をなさず
（ニ）貸切扱貨物に対しては眞の荷受人の住所氏名、運送取扱人の貨物引換証発行の有無並に運送取扱人の収受すべき運賃及び手数料支払方法を記載せる書類を運送状に添付を要す
（ホ）小荷物の到着通知は着駅に於て口頭又は掲示を以てこれをなす
（ヘ）貨物保管料、貨物留料及び貨車留置料は国有鉄道貨物運賃及び料金規則第二十三条乃至第二十六条の料金の三倍とす
（ト）引渡したる貨物の引取をなさざるときは貨主の費用を以て作業の妨とならざる箇所にこれを移転することあるべしこの場合移転に基く貨物の損害に付ては鉄道その責に任ぜず
（チ）貨物の引渡は行政庁、公共団体及び従来判取簿に依る引渡を承認したるものに対しては判取簿、その他に対しては貨物通知書甲片又は資力信用十分なるものを保証人とする保証状に依る
（リ）東京市各駅に到着する配達付小荷物及び留駅小荷物にして荷送人の在所不明のため配達不能となりたるもの又は到着後七日以内に受取らざるものは荷受人の指図を俟たず荷送人の費用を以て発駅に返還す

熱海線

一、小田原早川間は本日開通

十一月十六日（金）　晴後曇　北　四十八度（八・八度）　地震一回

（一）臨時震災救護事務

一、バラック地域内に於ける消毒施行のため消毒班二十班を編成した。

十一月十八日（日）　雨天　北々西　四十八度（八・八度）　地震二回

（一）応急措置

一、本日より本省に於ては工作局を筆頭に東京駅前バラックから再建築の庁舎へ移転を開始した。

十一月十九日（月）　曇天朝少雨あり　北々西　五十五度（一二・八度）　地震四回

（一）臨時震災救護事務

一、閣議に於て義捐金より託児事業、婦人寄泊所及び簡易宿泊所の経営補助費を通じて百五十万円の支出方を決定した。

十一月二十日（火）　曇雨後晴天　北　五十六度（一三・三度）　地震二回

（一）運　転

一、左記停車場は震災以前の通り運輸営業を開始した。

東海道線　　浜川崎

（二）工　務

一、東海道線川崎浜川崎間は本日応急工事を完了した。

十一月二十一日（水）　快晴　北西　四十七度（八・三度）　地震〇

（一）応急措置

一、文書課主管臨時委任事項の件は本日限りこれを廃止した（官文第一六九〇号）。

（二）電　気

一、国府津保線事務所、国府津通信区の新設に付（（三）雑件参照）国府津駅に交換機一台を増設した。

（三）雑　件

一、鉄道省告示第二七二号を以て従来の新橋保線事務所の所管区域を二分し別に国府津保線事務所を新設した。

十一月二十三日（金）　晴　北西　五十一度（一〇・五度）　地震一回

（一）応急措置

一、本省庁舎第一分室に収容すべき現業調査課、外国鉄道調査課、監査官は鉄道協会より東京鉄道局内に移転した。

十一月二十四日（土）　雨天　北々西　四十八度（八・八度）　地震〇

（一応急措置）

一、東京駅前バラックより新庁舎へ移転中の各局課は本日無事全部の移転を了した。

一、東京第一第二改良事務所は先に本省が使用してゐた東京駅前の仮建物に移転した。

十一月二十五日（日）　晴天一時微雨　北々西　五十五度（一二・八度）　地震二回

（一）工　務

一、九月二十九日より着手の北條線南無谷隧道応急工事は本日竣工した。

十一月二十六日（月）　晴　北々東　四十九度（九・四度）　地震一回

（一）雑　件

一、鉄道公報印刷工場敷地を麹町区銭瓶町高架拱下十七、十八、十九、二十号を以てこれに充つることに決定、その建造方を東京鉄道局へ通牒した。

十一月二十八日（水）　雨天　北々西　四十四度（六・六度）　地震〇

（一）応急措置

一、両国橋機関庫は本日千葉仮事務所より旧位置に復帰した。

（二）運　転

一、岩井富浦間徒歩連絡の所本日全通。

十一月二十九日（木）　晴後曇朝間微雨　東　五十一度（一〇・五度）　地震〇

（一）臨時震災救護事務

一、救護事務局分課規定を改正し総務、供給、医療、会計の四課を置くこととなった。

十一月三十日（金）　晴天　北々西　四十七度（八・三度）　地震〇

（一）応急措置

一、経理局主管臨時委任事項の件は本日限りこれを廃止した（鐵経会第二一〇二号）。

（二）運　輸

一、左記停車場は震災以前の通り運輸営業を開始した。

東海道線　　高島

一、貨物運賃の割引及び無賃取扱方は本日限りこれを廃止した。

一、震災当時各駅に保管した荷物に付き震災に依る引取遅延に関しては九月一日以後の保管料の徴収免除することに取計ったがその後手荷物の取扱開始後も船車連絡輸送等の関係上輸送期間が著しく延長され着駅では殆ど到着期日を予期し得ない常態であったから今日迄の実況に応じてこれが徴収を免除して差支ないことに取計らった。

十二月一日（土）　快晴　北　四十二度（五・五度）　地震〇

（一）応急措置

一、達第七一〇号を以て本日より国府津及び千葉に工務局派出所を設置した。

（二）運　転

東北線

一、運転休止中の列車は全部復活した。

（三）電　気

一、工務局派出所設置につき国府津駅に交換機一台を増設した。

十二月三日（月）　晴天夜雨天　北　四十度（四・四度）　地震三回

（一）工　作

一、鉄道局長会議に於ける事業費の予算改正の結果車輌修繕費は各鉄道局に於て予算配布額の範囲内で按配することとなった。

十二月四日（火）　快晴　北　三十九度（三・九度）　地震一回

（一）運　輸

一、左記停車場は震災以前の通り運輸営業を開始した。
東海道線　横須賀

十二月十日（月）　曇少雨　北　四十五度（七・二度）　地震○

（一）運　輸

一、左の通り運輸営業の取扱範囲を改正した。

東海道線

横浜　新聞紙、雑誌及び新聞紙原稿以外の到着小荷物、発送旅客付随小荷物中私有犬箱に容れざる犬及び配達の取扱を除きその他は震災以前の通り運輸営業取扱開始

一、左記停車場は震災以前の通り運輸営業を開始した。

中央線　神田　萬世橋　水道橋

十二月十二日（水）　晴天　北　四十度（四・四度）　地震一回

（二）雑　件

一、義捐金応募総額九万七千四百六十円六十三銭を左記の如く分配することとなった。但残額は印刷費その他に支出。

種別	分配人員	分配額 一人当	分配額 総額	
特	八	一〇〇円	八〇〇円	本人死亡兼家族二人以上死亡
甲	一〇三	六〇	六、一八〇	本人死亡、家族二人以上死亡
乙	二、四〇二	一八	四三、二三六	本人重傷、家族一人死亡、家族二人以上重傷、家財全焼若クハ流失、家屋全焼若ハ流失
丙	三、五〇二	一〇	三五、〇二〇	家族一人重傷、家屋ノ半焼又ハ全潰、家財ノ半焼若クハ半流失、非世帯者ノ家財ノ全焼若クハ流失
丁	二、四四〇	五	一二、二〇〇	家屋ノ半潰、非世帯者ノ家財半焼若クハ半流失
計	八、四五五		九七、四三六	

十二月二十日（木）　晴天　北々西　三十八度（三・三度）　地震一回

（一）工　作

一、錦糸町工場受持の車輌で入場修繕を要するものは大宮工場へ委託して来たが本日より旧に復した。

十二月二十二日（土）　雨天夜間晴　北西　四十一度（五・〇度）　地震〇

（一）運　輸

一、左記停車場は震災以前の通り運輸営業を開始した。

中央線　　御茶ノ水

十二月二十六日（水）　曇天　北　五十一度（一〇・五度）　地震〇

（一）運　輸

一、左記停車場は旅客の外新聞紙及び同原稿に限り取扱を開始した。

東海道線　有楽町　新橋

十二月二十八日（金）　曇天後晴天　北々東　三十九度（三・九度）　地震一回

（一）運　輸

一、左記停車場は発送旅客付随小荷物中私有犬箱及び配達の取扱を除きその他は震災以前の通り運輸営業を開始した。

東海道線　横浜

（二）工　務

一、国府津改良事務所は本日より熱海線の復旧工事に着手した。

十二月三十日（日）　快晴　北　三十三度（〇・五度）　地震〇

（一）運　輸

一、左記停車場は震災以前の通り運輸営業を開始した。但し新聞紙雑誌及び新聞紙原稿以外の到着小荷物、発送旅客付随小荷物中私有犬箱に容れない犬及び配達を取扱はない。

東海道線　　桜木町

（二）運　転

東海道線

一、横浜桜木町間は本日より電車の運転を開始した。

中央線

一、吉祥寺国分寺間は本日より電車の運転を開始した。

十二月三十一日（月）　快晴　北　三十四度（一・一度）　地震三回

（一）応急措置

一、保健課主管臨時委任事項の件は本日限りこれを廃止した（鐵官保第五一五〇号）。

大正十三（一九二四）年一月六日（日）　晴天　北々西　三十六度（二・二度）　地震〇

（一）運　輸

一、帝都に対する木炭の優先配給を決行し一日の輸送量三千噸を標準とした。

一月十二日（土）　晴天　北西　三十七度（二一・八度）　地震一回

（一）運　輸

一、左記停車場は震災以前の通り運輸営業を開始した。

東海道線　浜松町
中　央　線　飯田町
東　北　線　上野
総　武　線　両国橋　錦糸町

一、本日から左記但書を除いて営業取扱範囲を拡張したものは次の通りである。

東海道線　横　浜　配達の取扱をなさず
桜木町　新聞紙、雑誌、新聞紙原稿以外の到着小荷物及び配達を取扱はず

（二）雑　件

一、本省第一分室が完成したので東京鉄道局に残ってゐた現業調査課、外国鉄道調査課及び監察官等は本日ここに移転した。

一月十四日（月）　曇微雨後晴天　北西　四十三度（六・一度）　地震〇

（一）運　転

山手線

一、震災後山手線電車は品川駅で打切ってゐたが本日より東京駅迄延長運転することとなった。

一月十五日（火）　晴天後曇天　北々西　三十九度（三・九度）　地震二十回

（午前五時五十分激震あり）

（一）運　転

一、午前五時五十分関東地方に第二次の強震があった。本日の被害列車は東海道線で貨物第四〇六列車が松田下曽我間で貨車四輌脱線顛覆し、横浜線で旅客第九〇二列車が八王子相原間で機関車の炭水車が一軸と客車四輌脱線した。

一、本日被害のため一時不通となった箇所及び開通日時は次の通りである。

東海道本線

区　間	開通日	時　間
鶴見高島間	上り一月十六日	午前五時二十分
	下り一月十五日	午後十時三十分
高島保土ヶ谷間	上り一月十五日	午前四時五十分
	下り　〃	午後五時二十分
程ヶ谷戸塚間	上り　〃	午後三時五十分
	下り線無事	
下曽我松田間	上り　〃	午後六時五十五分
	下り　〃	午後四時三十分
松田山北間	〃	午後二時四十二分

山北谷峨間　〃　午後二時四十分

横浜線

八王子相原間　一月十五日　午後一時十分

長津田原町田間　一月十七日　午後十時二十分

一、電車は左記の時刻迄停電した。

京浜線　東京蒲田間　午前七時十八分

蒲田横浜間　午後八時

横浜桜木町間　午後十一時

山手中央線

池袋上野間　午前八時十七分

池袋赤羽間　〃

池袋東京間　午前十時二十五分

東京中野間　午前九時四十分

中野国分寺間　午前十一時

一月二十日（日）　晴天北北西　三十八度（三・三度）　地震二回

（一）雑　件

一、本省第二分室が竣成したので従来萬世橋分室にあった経理局調査課をこれに移した。

一月二十二日（火）　曇後快晴　北々西　三十八度（三・三度）　地震六回

（一）工　務

一、熱海線酒匂川橋梁第二号構桁（河中へ墜落のもの）の解体引上作業を開始した。

一月三十日（水）　晴天　北々西　三十三度（〇・五度）　地震三回

（一）運　輸

一、左記停車場は震災以前の通り運輸営業を開始した。

東海道線　　桜木町

三月六日（木）　晴後曇夕刻降雨あり　北々西　四十一度（五・〇度）　地震〇

（一）応急措置

一、建設局主管臨時委任事項の件は本日限りこれを廃止した（建庶第七三号）。

三月七日（金）　晴天　北々西　三十六度（二・二度）　地震〇

（一）経　理

一、総代者渡の諸給与にして十二年九月の震災に焼失し総代者及び受給人に於てその損失を負担した者に対しては特に省より見舞金として給与する旨経理局長より関係局長に通牒した。

（二）雑　件

一、鉄道公報印刷工場の新築に着手した。

三月十一日（火）　昼間晴天夜間曇天　西北　四十度（四・四度）　地震一回

（一）運　輸

一、左記停車場は震災以前の通り運輸営業を開始した。

東海道線　　東京

一、左記停車場は旅客の外小荷物中新聞紙同原稿に限り取扱を開始した。

東海道線　　有楽町　新橋

三月二十九日（土） 曇天　北西　四十二度（五・五度）　地震一回

（一）臨時震災救護事務

一、事務局官制が廃止された。

四月一日（火） 快晴　南々東　五十四度（一二・二度）　地震〇

（一）雑件

一、国府津及び千葉に於ける工務局派出所は本日よりこれを国府津及び千葉改良事務所と改めることゝなった。

四月十一日（金）　晴天　南々東　六十一度（一六・一度）　地震二回

（一）応急措置

一、電気局主管臨時委任事項の件は本日限りこれを廃止した（鐵電子発第三六三号）。

五月二十三日（金）　快晴　南　六十五度（一八・九度）　地震二回

（一）工　作

一、大正十二年十二月十四日営業用貨車に対してのみ差支無い限り客貨車検査規定第十七条但書を適用し期間経過のもの、使用を許すことに各鉄道局長宛通牒して置いたが本日より実施した。

六月十日（火）　曇天微雨　北東　六十度（一五・五度）　地震一回

（一）雑　件

一、鉄道公報印刷所工場が竣成したのでこの日から本工場で就業すること、なり発送方も全部復旧するに至った。

七月一日（火）　晴天　南　七十四度（二三・三度）　地震○

（一）運　輸

一、左記停車場は震災以前の通り運輸営業を開始した。

東海道線　　新橋　有楽町　根府川

（二）運　転

熱海線

一、早川根府川間は本日開通に付早川迄の旅客列車四往復を根府川迄延長すること丶なった。

（三）雑　件

一、両国運輸保線両事務所は予て千葉に工事中の庁舎が竣成したのでここに移転し本日より千葉運輸保線事務所となった（告示第一二七号）。

八月七日（木）　晴天　南　八十一度（二七・二度）　地震○

（一）工　務

一、熱海線酒匂川橋梁の復旧作業を完了した。

八月十五日（金）　曇　北東　七十八度（二五・六度）　地震○

（一）運　転

一、東海道本線茅ヶ崎平塚間馬入川橋梁の復旧工事が完了したので本日より複線運転を開始した。
これで東海道本線は全部震災以前の通り複線運転となったのである。

九月十日（水）　晴朝間雨　北々西　七十八度（二五・六度）　地震〇

（一）工　作

一、熱海線寒ノ目隧道東口で震災に遭った旅客第一一六列車の機関車は本日初めて湯ヶ原に廻送した。

十月一日（水）　雨天　北西　六十二度（一六・六度）　地震〇

（一）運　輸

一、左記停車場は震災以前の通り運輸営業を開始した。

熱海線　　真鶴（尚これと同時に湯ヶ原も開駅した）

（二）運　転

一、根府川真鶴間は本日開通し白糸川に仮乗降場を設けて同所と根府川との間に徒歩連絡を開始した。（大正十四年三月十二日に至って根府川真鶴間は復旧したので仮乗降場は三月十一日限り閉鎖した）

（三）雑　件

一、新橋運輸保線電力の三事務所は本日品川駅ホームの上家下仮詰所より旧汐留官舎敷地内に建設された仮庁舎に移転した。

十月十一日（土）　曇後雨　北西　六十三度（一七・二度）　地震〇

（一）雑　件

一、新橋運輸事務所は旧大臣官邸跡に再築中の仮庁舎が竣成したので本日ここに移転した。

十一月一日（土）　晴　北西　四十九度（九・四度）　地震〇

（一）雑　件

一、新橋保線事務所は旧大臣官邸跡に再築中の仮庁舎が竣成したので本日ここに移転した。

十一月十一日（火）　晴　北西　四十九度（九・四度）　地震〇

（一）工　作

一、錦糸町工場は旧所在地に事務室職場等再築中であったが本日落成した。

十一月十四日（金）　晴天微雨　四十七度（八・三度）　地震〇

（一）工　務

一、常磐線我孫子取手間利根川橋梁の応急修理が完成した。

十一月十八日（火）　快晴　北々西　五十度（一〇・〇度）　地震一回

（一）電　気

一、矢口発電所は本日より一、二号の直流発電機を使用して送電を開始するに至った。

鉄道復興の全過程を知る基本資料

鉄道省編『震災日誌』（一九二七年一二月）解題

老川慶喜

はじめに

一九二三（大正一二）年九月一日の正午前、突如関東地方をマグニチュード七・九の巨大地震が襲った。この日の東京は、朝から雨模様のぐずついた天気で、気温は二八・三度であった。また、「中央気象台月報」によれば、一日には二〇四回、二日には三二七回、三日には一六五回とかなりの余震にみまわれ、九月一五日までは一日に一〇回以上の地震が観測されていた。

震源地は東京から約八〇キロメートル離れた相模湾の北西部で、その被害は東京、神奈川、静岡、千葉、埼玉、山梨、茨城の一府六県に及んだ。家屋の倒壊やがけ崩れが各地で起こったばかりでなく、地震発生時がちょうど各家庭で昼食の準備をする時間にあたっていたため火災が発生し、東京では三日間も燃え続け、全面積の四三・七パーセントを消失した。一府六県の罹災者は合計三四〇万人にも及び、そのうち死者九万人、行方不明一万三〇〇〇人、重軽傷者は五万二〇〇〇人であった(1)。

関東大震災は、このように関東各地に未曾有の被害をもたらした。この『関東大震災・国有鉄道震災日誌』は、震災時における国有鉄道の被害と震災からの復旧・復興の過程を綴ったもので、震災発生時の様子について「午前一一時五八分突如、もの凄い地鳴りと共に大地震が襲来し一瞬の裡に多数の家屋を破潰し、人畜を傷害し、鉄道、電信、電話、電灯、水道その他凡ゆる文明の諸機関を破壊して恐怖と混乱の暗黒世界を出現せしめた」（原本一頁）と記述している。

ところで『関東大震災・国有鉄道震災日誌』は、もともと一九二七年一二月に鉄道省が刊行した『国有鉄道震災誌』[2]の付録として、「震災日誌」というタイトルで掲載されたものである。同書は、一〇〇〇頁を超える大著で、「関東大震災の際に於ける国有鉄道の被害と其の前後処置に関する記録」（原本凡例、一頁）として編まれたものであるが、「鉄道各部毎に震災当時の情況竝に善後處置を知悉せしむるに便せむとした」ため、「各部毎に章を分ちその間相互の連絡を欠き若くは重複を敢てせし所なきにあらず」という欠陥をもっていた。そこで、鉄道省は「相互の連絡を知り且つ震災当時より災後の秩序回復に至る迄の情況を序を追ふて知るに便せむが為に、別に震災日誌を編して巻末に附し」たのである（凡例、四頁）。すなわち、『国有鉄道震災誌』は、第一章「概説」、第二章「震災直後の緊急措置」、第三章「運輸竝に運転」、第四章「鉄道の被害とその応急措置」、第五章「経理」、第六章「人事」、第七章「行政事務」という構成をとっているが、『震災日誌』ではこれらの各章の出来事が、「臨時震災救護事務」「応急措置」「運転」「運輸」「船舶」「工務」「電気」「工作」「病院」の順で日を追って記載されており、地震が発生した一九二三年九月一日から翌年の一一月一八日までの国有鉄道全体の復旧・復興の動きを概観することができるのである。ただし、一九二三年の九月と一〇月は毎日記述され内容も詳細であるが、復旧・復興が進むにつれて毎日は記述されなくなり、内容も簡略になっている。

関東大震災は、これまで日本近代史上のエポックとして取り上げられ[3]、朝鮮人虐殺問題[4]や後藤新平の復興計画[5]などの研究が脚光を浴びてきた。しかし、この三月一一日に起こった東日本大震災の被害と復旧・復興の過程と重ね合わせると、被災者の具体的な動向をもっと詳細に明らかにすべきではないかと思われる[6]。国有鉄道の復旧・復興は、被災者への救援物資の輸送や被災者の避難ルートを確保することにつながっているので、その過程を把握することは、関東大震災史研究のもっとも基礎的な作業の一つであるといえる。その意味ではこの『震災日誌』は、国有鉄道の復旧・復興の全過程を知るうえでの基本的な資料ということができよう。

1. 国有鉄道の被害

関東大震災が発生したのは、一九〇七（明治四〇）年一〇月に鉄道の国有化が完了してから一六年目のことであった。一九〇六年三月、西園寺公望内閣のもとで鉄道国有法が成立し、同年一〇月から翌〇七年一〇月にかけて、北海道炭礦鉄道、日本鉄道、関西鉄道、山陽鉄道、九州鉄道の五大私鉄をはじめ、私鉄一七社が国有化された。そして、国有鉄道は一九〇八年一二月に設置された内閣直属の鉄道院の管轄になり、一九二〇（大正九）年五月には鉄道省の管轄となった。第一次大戦後、国有鉄道の業務量が増えるとともに、私設鉄道・軌道事業の拡大によって監督業務が増大し、鉄道院のような外局的組織で管轄するのは不可能となり、鉄道省として独立したのである。初代鉄道大臣には元田肇が就任した。

鉄道省は、国有鉄道および付帯業務の管轄、地方鉄道および軌道に対する監督指導、南満州鉄道株式会社および航路に関する業務を監督するものとされた。その組織は、本省（中央組織）と鉄道局（地方組織）からなり、本省の直属機関として建設事務所、改良事務所、鉄道省教習所、東京鉄道病院など、鉄道局の直属機関として工場、鉄道局教習所、鉄道病院、鉄道療養所、治療所、直営旅館などがおかれていた。

一九二一年一〇月一四日には、鉄道五〇年の記念式典が実施された。このとき、国有鉄道の路線は約六六〇〇マイル（一万六一九・四キロメートル）、私設鉄道・外地鉄道を加えると約一万二〇〇〇マイル（一万九三〇八キロメートル）に達していた。国有鉄道は、路線距離が一万キロメートルを超えてまもなく、関東大震災に遭遇したことになる。

国有鉄道の被害は、東海道本線（東京―御殿場間）および同貨物支線、横浜線、横須賀線、熱海線、中央本線（東京―国分寺間、浅川―韮崎間）、東北本線（上野―川口町間、栗橋―古河間および上野―秋葉原貨物線）、山手線、常磐線（日暮里―取手間、田端―隅田川間および北千住―隅田川間）、総武本線（両国橋―亀戸間、船橋―成東間）、房総線（千葉―大網間）、北條線、久留里線、成田線（成田―下総松崎間、布佐―湖北間）など関東一帯に及び、その線路延長は四二〇マイル（六七五・八キロメートル）にも達した。

これらの各線では不通区間が続出し、旅客列車八列車、貨物列車一七列車が脱線・転覆などの事故で焼失あるいは破損し、旅客即死者一一七人、重傷者六一人、軽傷者五六人を出した。また、破損・焼損した車輛は、機関車一〇六両、客車四八六両、電車四〇両、貨車一二〇四両で、合計すると一八三六両にものぼった。

もっとも悲惨だったのは、熱海線根府川駅での旅客列車の墜落事故である。下り旅客一〇九列車が根府川駅に侵入したとき山崩れがおこり、駅本屋とともに機関車およびボギー車八両が、二五フィートの崖下の海中に墜落し、後部二両以外は海底に沈没してしまったのである。乗客一五〇名のうち三〇名は脱出し、一三名は付近を航行していた発動機船に救助されたが、残りの一〇七名は海底に消えた。

さらに国有鉄道の被害は、本省庁舎を焼失したのをはじめ、停車場、庁舎、教習所、工場、車庫などの建造物や電気通信設備、自動信号機などの諸施設にまで及んだ。停車場は一府六県で一九駅が焼失し、四六駅が倒壊ないし大破した。

一九二三年八月、総理大臣の加藤友三郎が病死したため、震災発生時には内田康哉外相が総理大臣代理を務め、鉄道大臣は大木遠吉、次官は石丸重美であった。そして、九月二日に山本権兵衛が組閣すると、鉄道大臣に山之内一次が就任し、八日には病気療養中の石丸にかわって運輸局長の中川正左が次官となった。国有鉄道の震災からの復旧・復興には、山之内・中川体制のもとで対応することになった。

山之内は、一九〇四年四月に逓信省鉄道局長となり、国有化後は鉄道院運輸部長、同管理部長などを歴任してきた。九月一七日に職員への訓示のなかで「恰モ長途ノ旅行者時ヲ経テ郷里ニ復帰シタルノ感アリ」と述べたのは、こうした彼自身の履歴によるものであった。そして、山之内は「顧《おも》フニ国有鉄道ノ如キ十有七億ノ資財ヲ擁シ十八万ノ従事員ヲ有スルノ大機関ニ在テハ各自其ノ心ヲ一ニシ各部局亦互ニ連絡ヲ保チ協調ヲ取リ彼此相扶ケ以テ国家ノ交通機関タル重大ナル使命ヲ完《まった》クスルノ最モ切要ナルモノアリ」と、国鉄職員が一丸となって復旧・復興に対処するよう訴えた（本書一一四頁）。

2. 国有鉄道の復旧と復興

被災地の秩序回復や被災者の避難のためには、何よりも輸送機関の復旧が急がれなければならなかった。

鉄道省の本省は、焼け残った東京駅の階上の東京鉄道局内に仮事務所を設け、帝国鉄道協会に分室をおき、即日復興に向けて立ちあがった。そして、一〇月一〇日には東京駅前の井上勝子爵銅像背面の空地に本省庁舎としてバラックを竣工し、一一日に一部を残して移転した。さらに、その後呉服橋の焼け跡に本省の新庁舎が完成すると、一一月二四日までに東京駅前のバラックからの移転を完了した。

鉄道省は、西方は名古屋、大阪、神戸、広島、門司の各鉄道局から、東方は仙台、札幌の両鉄道局から工事材料と従業員を動員するとともに、国鉄本部の方針を外部に示し、円滑に復旧・復興事業を推進した。九月三日からは「東京鉄道局情報」を毎日二回（九月八日からは一回）発行し、鉄道の現況、列車時刻表、線路略図などを謄写版印刷で公表した。

線区別に開通年月日を示すと表のようで、山手線は九月四日、常磐線日暮里～土浦間は九月五日に開通し、熱海線の国府津～

表　線区別開業年月日

線名	区間	開業年月日
東海道本線	東京～御殿場	1923年10月28日
	横浜～桜木町	1923年12月30日
熱海線	国府津～真鶴	1925年3月12日
横浜線	東神奈川～八王子	1923年9月28日
中央本線	東京～甲府	1923年10月25日
山手線		1923年9月4日
総武本線	両国橋～成東	1923年10月8日
房総線	千葉～土気～大網	1923年10月17日
北条線	蘇我～江見	1923年11月28日
久留里線	木更津～久留里	1923年9月24日
常磐線	日暮里～土浦	1923年9月5日
東北本線	上野～古河	1923年9月22日

出典：日本国有鉄道編『日本国有鉄道百年史』第9巻、1972年、278頁。

真鶴間をのぞいて一九二三年中にすべてが開通した。熱海線は、建設工事中でもっとも被害が大きく、開通したのは一九二四年三月一二日であった。なお、熱海線の建設に従事していた朝鮮人救済命令が出され、東京鉄道局は一九二三年九月一二日に汽船朝日丸で白米、塩、梅干、沢庵などを輸送した。そのほか、東海道本線茅ケ崎〜平塚間の馬入川の橋脚破壊、橋桁の墜落、山北〜駿河間の第三号および第四号隧道間における土砂の大崩壊、中央線與瀬（今の相模湖）〜上野間の隧道の崩壊、総武線の南無谷隧道土砂崩壊などの応急工事には相当の日数を要した。『震災日誌』では、「運輸」「運転」の項で各線区の開通の様相、列車・電車の運転の状況を時系列で詳細に知ることができる。

九月二日、ただちに東京市および東京府下の荏原、豊多摩、北豊島、南足立、南葛飾の諸郡に戒厳令が布かれ、三日には東京府および神奈川県一円に拡張された。戒厳令が布告されると、運輸局長は各鉄道局長に①公務を有する者、②自ら給養の途がある者、③被災地に家族を有する者のほかは、被災地に入るのを制限するようにと鉄道局長に電達した（三二頁）。また、同日、被災者の無賃輸送も開始され、水戸（常磐方面）、宇都宮（東北方面）、高崎（信越方面）、八王子（中央線方面）、沼津（東海道方面）で発行される証票を乗車券に代用することができた。九月一七日には、避難民の無賃輸送を三等に限ることとし、普通急行料金は免除するとした。また、救護事務のため被災地に来た在郷軍人や地方青年団員で、帰郷する者に対しては九月三〇日までは無賃乗車船の取り計らいをすると各鉄道局宛に電達した。九月二七日には被災した朝鮮人で帰鮮するものにも無賃輸送の取扱いをすることになった。

被災者・救援者・救援物資の輸送にあたって、車輌不足のため貨車による旅客輸送も行われた。また、貨物列車に客車を連結して通学・通勤などの輸送に充てるなどの非常手段もとられた。被災地への救護物資の輸送は各鉄道管理局が担当し、名古屋鉄道局は九月二日、東京に食料品を送ることにした。ただし、陸路の輸送は困難であったので海上輸送の計画をたて、神戸および門司鉄道局と打合せのうえ、東京〜清水間に臨時連絡航路を開き、汽船会社から臨時傭船をして被災地に輸送した。名古屋鉄道局は、九月三日にも清水港で臨時傭船を仕立てて旅客・救恤品を横浜港に輸送した。しかし、京浜地方には戒厳令が施行されていたため、旅客は上陸が困難となり、朝鮮人・その他約二〇〇名が上陸できなかった。神戸鉄道局は、九月三日、名古屋・門司鉄道局と打合せのうえ、救恤品の無賃輸送を開始した。名古屋鉄道局は、九月八日、白米二〇〇俵、味噌一〇〇貫を購入し発送した。

一方、帝都復興事業の一環としての復興計画が樹立され、ほとんど焦土と化した東京や横浜では、線路増設や停車場の改良など、関東大震災後の輸送計画にみあった根本的な改良が加えられた。また、年々増大する電車運転に対応できるように、変電所の規模は拡大され、変成機の単位容量も大きくされた。そして、電源はすべて五〇サイクルとされ、電車線電圧も一五〇〇ボルトに統一された。関東大震災後の帝都復興事業のなかで、国有鉄道の復興もその一環に位置づけられていたのである。

国有鉄道の復旧を待つことなく、自動車の軽便で機動力に富んだ輸送が重要な役割を果たし、運転手が不足し給料が高騰するという問題が生じた。本省では、各鉄道局および兵庫県から自動車運転手の来援を依頼し、自動車を購入して九月一三日に大臣用二両、定期便五両（新宿、田端、品川、大塚の各駅）、救恤品・応急用品の輸送二両などを配置した。

なお、国有鉄道は巨大な企業体であったが、一九二三年九月八日から食糧券を品川、新宿、田端、亀戸、池袋、渋谷、大井、大宮で配給するなど、被災職員および家族の救護策もとった。配給所は、一二日には大船、横浜にも設置された。また、九月二二日には、被災職員の家族に家族パスを交付し、義捐金の募集にも着手した。

おわりに

以上、主として鉄道省編『震災日誌』に依拠しながら関東大震災による国有鉄道の被害と復旧・復興の過程を概観してきたが、国有鉄道の復旧・復興にともない被災地の秩序も回復した。『震災日誌』の九月一六日の条には「東京鉄道局に於ては東北線方面各駅は軍隊の応援と輸送力の増加並に避難者の漸減等に依り次第に秩序を回復して来たから本日より罹災者以外は一切無賃乗車を許さない方針をとった」（一〇九〜一一〇頁）と記されている。このように、国有鉄道の復旧はかなり早く進み、九月二六日現在の列車運転状況をみると次頁の図のようであった。

ところで、運輸局長および鉄道次官として国有鉄道の震災復興の陣頭指揮をとった中川正左は、鉄道大臣山之内一次の使者として西園寺公望を興津の別邸に見舞ったときに、関東大震災後の帝都復興にふれ、国有鉄道の復旧が速やかであったのは「偏に公の内閣時代に断行された鉄道国有の賜である」とともに、「鉄道の復旧を促進すべく、その補助救護のため米国に電報を以て中古トラック一千台を注文したことである」と述べたといわれている。(7) いうまでもなく、西園寺公望は鉄道国有法案を成立させたときの内閣総理大臣である。中川は、西園寺が鉄道国有化を実現したことが鉄道の震災復興を早めたとしているのである。また、震災復興に大きな役割を果たした自動車輸送は、その後普及し、やがて鉄道を脅かすまでに成長するのであった。

大正十二年九月二十七日
震災関係情報　其ノ二〇付録
横須賀戒厳司令部情報部

列車運転状況図

九月二十六日午前八時現在
東京鉄道局情報部調

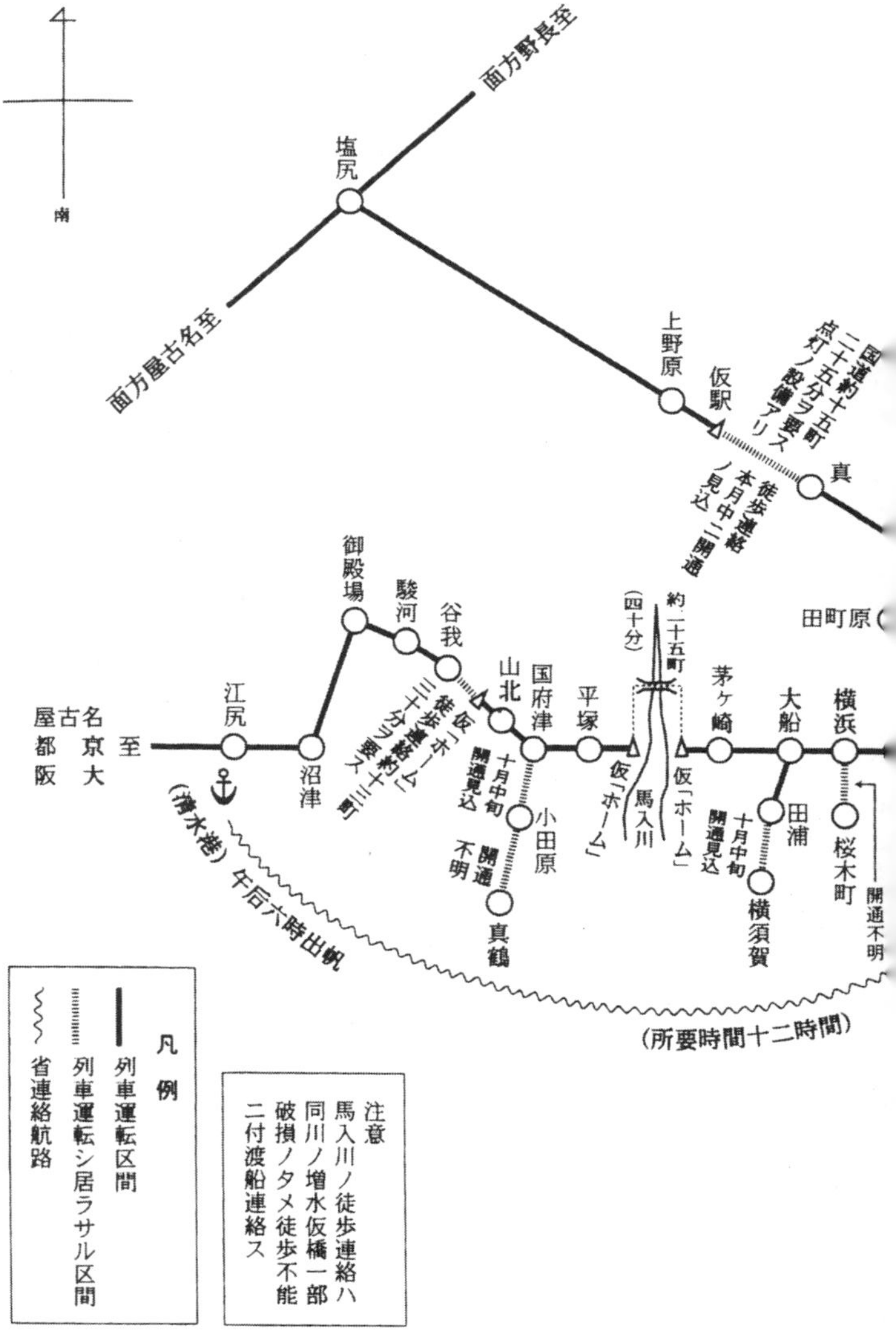
南
至長野方面
塩尻
至名古屋方面
上野原
仮駅
国道約十五町
二十五分ヲ要ス
点灯ノ設備アリ
徒歩連絡
本月中ニ開通
ノ見込
真
原町田
御殿場
駿河
谷我
仮「ホーム」
徒歩連絡約十三町
三十分ヲ要ス
山北
国府津
平塚
十月中旬
開通見込
小田原
開通
不明
真鶴
仮「ホーム」
馬入川
約二十五町
（四十分）
仮「ホーム」
茅ヶ崎
大船
横浜
田浦
十月中旬
開通見込
横須賀
桜木町
開通不明
至
名古屋
京都
大阪
江尻
沼津
（清水港）午后六時出帆
（所要時間十二時間）
凡例
列車運転区間
列車運転シ居ラサル区間
省連絡航路
注意
馬入川ノ徒歩連絡ハ
同川ノ増水仮橋一部
破損ノタメ徒歩不能
ニ付渡船連絡ス

（1）東京百年史編集委員会編『東京百年史』第四巻、一九七二年、一一七頁。
（2）鉄道省編『国有鉄道震災誌』は、野田正穂・原田勝正・青木栄一編『大正期鉄道史資料』第Ⅱ期の第1巻（日本経済評論社、一九九〇年）として復刻出版されている。
（3）たとえば、原田勝正・塩崎文雄編『東京・関東大震災前後』（日本経済評論社、一九九七年）をあげることができる。
（4）松尾章一監修、平形千恵子・大竹米子編『関東大震災　政府陸海軍関係資料』全三巻（日本経済評論社、二〇〇三年）など。
（5）越沢明『東京都市計画物語』（日本経済評論社、一九九一年）など。
（6）関東大震災史研究の整理については、北原糸子『関東大震災の社会史』（朝日選書、二〇一一年）を参照のこと。
（7）東寅治『中川正左先生伝』日本交通学会、一九五七年、九四頁。

【解題者紹介】

老川慶喜（おいかわ・よしのぶ）

1950年、埼玉県川口市に生まれる。
立教大学経済学研究科博士課程修了、経済学博士
現在、立教大学経済学部教授
主要業績：『埼玉鉄道物語』（日本経済評論社、2011年）、『京阪百年のあゆみ』（共著、京阪電鉄株式会社、2011年）、『両大戦期の都市交通と運輸』（編著、日本経済評論社、2010年）、『東京オリンピックの社会経済史』（編著、日本経済評論社、2009年）、『近代日本の鉄道構想』（日本経済評論社、2008年）、『岩下清周と松崎半三郎』（立教大学、2008年）、『ミッションスクールと戦争—立教学院のディレンマ』（共編著、東信堂、2008年）、『西日本鉄道百年史』（共著、西日本鉄道株式会社、2008年）、ほか。

関東大震災・国有鉄道震災日誌

2011年10月10日　第1刷発行　定価（本体4800円＋税）

編者　鉄道省
解題　老川慶喜
発行者　栗原哲也

発行所　株式会社日本経済評論社

〒101-0051　東京都千代田区神田神保町3－2
電話 03-3230-1661　FAX 03-3265-2993
info8188@nikkeihyo.co.jp
URL：http://www.nikkeihyo.co.jp/

装幀＊山本耕一　印刷＊閏月社・文昇堂／高地製本

乱丁・落丁本はお取替えいたします。　Printed in Japan

ISBN 978-4-8188-2185-9

松下孝昭著
近代日本の鉄道政策
―一八九〇～一九二二―
A5判　六〇〇〇円

一八九〇年の帝国議会開設以降、九二年の鉄道敷設法の制定、一九二二年の全面改正に至るまでの鉄道建設事業を中心とした鉄道政策の形成と展開について実証的に分析（二〇〇四年）

鉄道史学会編
鉄道史文献目録
―私鉄社史・人物史編―
B5判　六〇〇〇円

明治以来今日までに刊行された鉄道会社史および鉄道に関わった人々の自伝・伝記を網羅。主要所蔵機関と詳細な解説を付す。鉄道史学会設立一〇周年記念刊行。（一九九四年）

中村尚史著
日本鉄道業の形成
―一八六九～一八九四年―
A5判　五七〇〇円

官営・民営鉄道の経営と技術者集団の分析を通して、鉄道政策と鉄道業の関係を解明し、企業と地域の関わりをふまえながら日本の鉄道業の形成過程を再検討する。（一九九八年）

大西比呂志・梅田定宏編著　首都圏史叢書④
「大東京」空間の政治史
―一九二〇～三〇年代―
A5判　四〇〇〇円

第一次大戦期から急速に進んだ「東京」の拡大と、そのなかで進展した都市空間再編の過程を、都市への官僚統制、都市の政治構造、地域社会の変化から解明する。（二〇〇二年）

黒田勝正・塩崎文雄編
東京・関東大震災前後
A5判　四九〇〇円

東京の市街地拡大と鉄道網の拡張、近郊農村の変化、詩人たちと震災、永井荷風のみた下町、東京の風致地区問題など一九一〇年代から四〇年代にかけての社会的変動を多面的に考察。（一九九七年）

松尾章一監修／平形千惠子・大竹米子・田崎公司・坂本昇・田中正敬・逢坂英明編
関東大震災　政府陸海軍関係史料〈全3巻〉
A5版　揃三三〇〇〇円

国家機関は「関東大震災」という非常時に庶民をいかに管理・統制し、流言飛語の飛び交うなかで何を行ったのか。散在する膨大な機密資料のなかから未公開のものを厳選。（一九九七年）

（価格は税抜）

日本経済評論社